JN439968

달콤한 외상

초판 1쇄 인쇄 2017년 01월 24일
지은이 강경란
펴낸이 이승훈
펴낸곳 해드림출판사
주　소 서울 영등포구 경인로 82길 3-4(문래동1가 39)
센터플러스빌딩 1004호(우편07371)
전 화 02-2612-5552
팩 스 02-2688-5568
E-mail jlee5059@hanmail.net

등록번호 제87-2007-000011호
등록일자 2007년 5월 4일

ISBN 979-11-5634-173-4

도시의 사랑방, 24시 편의점에서 일어나는 소소한 이야기
진열된 상품만큼이나 새뜻하고
창밖의 눈송이처럼 포근하면서도 시린 풍경들

달콤한 외상

강경란 에세이

해드림출판사

펴내는 글

너나 없는 세상에서

부모님이 큰 슈퍼 사장님이기를 바라던 아이가 있었다.

그 아이는 "복스럽게도 먹는다."라는 말이 듣기 좋아 밥이며 군것질을 입에 달고 살았다. 새로운 상품이 광고로 나오면 바로 달려가 맛을 보고 계속 먹을 것인지 선택을 했다. '말이 씨가 된다.'는 옛말이 있다.

그 아이는 어른이 되어 도심 궁 담 길에 편의점을 연다. 잘 먹어서 에너지가 생기는 건지, 활동적이어서 금방 배가 고픈 건지늘 잘 먹으며 성장했다. 활기차서 사람들과 잘 어울렸고 만남을 좋아했다. 그런 내게 편의점은 딱 들어맞는 찰떡궁합이었다.

하지만 겁 없이 뛰어든 편의점은 바라볼 때와는 천양지차였다. 단순한 가게 놀이가 아닌 체계적이고 폭넓은 사고를 필요로 하는 섬세한 경영 능력이 필요했고 현대 사회의 발걸음에 보조 맞추는 부지런함이 절대적이었다. 경쟁 시대에 쉼 없이 달려도 부족한 순간의 연속이었다.

그러다 잠시 눈을 돌려 푸른 하늘 한 번 올려다보니 수채화 같은 세상이 햇살에 반사되어 비쳤다. 소중한 사람들이 그곳에 사랑을 심고 있었다. 문화재 옆에서 수많은 사람을 만나 별의별 사연을 듣고 감동도 받고 속상한 일도 겪으면서 시간이 흘렀다.

우리가 살아가는 세상이 너나없이 비슷해서 좋은 일에 함께 기뻐하고 슬픈 일에 손잡아주며 함께하는 이웃들 이야기에 웃고 눈물지은 세월이었다.

사람들 사이에서 한 뼘 더 컸다. 편의점을 통해 주고받은 사랑을 나누며 살아야 하는 행복한 무게감을 안아 든다. 빛나는 사람들의 이야기를 내놓으며 미래의 사랑도 약속한다.

내 이야기를 솔직하게 선보이는 멍석이 부끄러움에 붉어진다.

편의점 운영에 도움 주는 전 영업부 강북 1팀장 장성관 님, 김용환 대리님, 가족 같은 SC 정해경 주임님 이하 직원 분들께 이 자리를 빌려 감사의 인사를 드린다.

부족한 글을 선뜻 받아준 해드림출판사 이승훈 사장님, 임영숙 편집장님에게도 따뜻한 인사 전하고 싶다.

내게 일방통행의 사랑만 주는 지인들에게 고마움의 인사를 전한다.

그리고 늘 딸을 걱정하는 친정엄마, 시어머니, 남편, 세 딸에게도 사랑의 마음을 보낸다.

2017년 1월

강경란

목차

목차

둘 다정한 손

셋 ———— 약은 약이다

목차

넷 먹고 또 먹고 감사하기

바람 따라가는 길

달콤한 외상

주인 잃은 컵라면

인연의 비타 500

사랑의 전령사 초콜릿

자화상

밥이냐 군것질이냐

내 식구 챙기기

인연

무지개 향기

하나. 밥이냐 군것질이냐

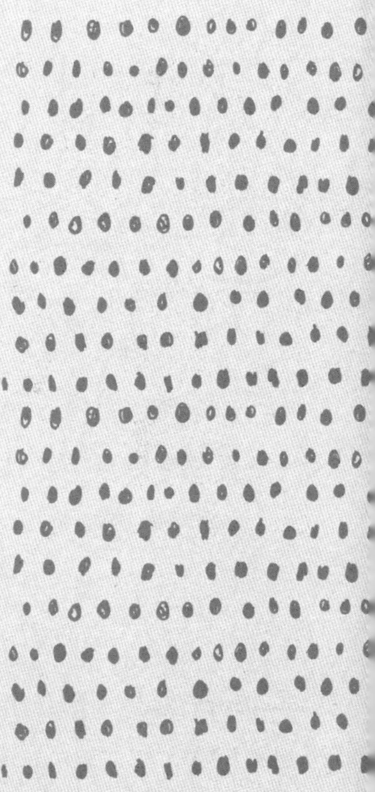

바람 따라가는 길

한 치 앞도 모르는 게 인생사라 했다.

그저 그런 줄만 알았던 그 말이 딱 떨어질 줄이야 어찌 알았을까. 평범하다면 그렇고 또 아니라면 그런 것도 같은 내 여정은 새로운 길에 들어서며 전환점을 맞이했다.

돌아보니 꽃처럼 예쁜 이십 대엔 꿈길이어서 마음먹은 대로 살아진다고 여겼는데, 덜컥 시간의 흐름이 빛보다 빠르다고 느낄 즈음부터 정신이 번쩍 들었다. 뭔가 지금과는 다른 모습이어야 한다는 절박감이 엄마라는 이름도 무색하게 했는지도 모르겠다.

진로 강의를 가서의 첫 물음은 여러 개의 내 직업을 나열하고 '호기심 많은 성격의 장점 덕분이지만 반대로 단점을 꼽으라면 표현할 수 있는 한 낱말은 무엇일까요?'이다.

호기심의 반대말은 무엇인지 고심할 무렵 어느 학생의 빠른 대답이 들려온다. 정답은 산만이다. 진득하게 뭐 하나 마무리하는 적이 드물고 금세 눈길을 틈새로 돌리기 다반사여서 엄마의 꾸중을 달고 살았었다.

고약한 내 천적을 이겨낸 일등공신은 칭찬을 아끼지 않던 선생님들이시다. 모래알보다 더 작은 내 재주와 여기저기 얼굴 들이대는 오지랖을 격려해준 그분들이 있었기에 가능했던 길이었다.

둘째가 입학을 하고 뛰어간 곳은 동화구연가들의 열정이 모인 곳이었다.

성우가 되고 싶던 가슴 벌렁거림은 접어두고 딸들을 위해서도 최선이라 여겼다. 시작이 반이라 했던가. 이어 독서지도사의 바다에서 많은 아이들을 만나고 새삼 살아가는 즐거움을 만끽했다.

그 무렵 공모전 준비하는 딸이 엄마의 도전을 마련해 준 덕분에 글과 찐한 우정을 나눌 수 있는 꿈길을 만나고 망설였지만 씩씩한 엄마이고 싶어 선택한 기회로 풍성한 삶을 선사 받았다.

아내와 엄마의 자리에 더해진 성취감으로 내 이름의 누울 자리가 있다는 건 생각보다 훨씬 근사하고 신선한 자극으로 수채화를 그려 냈다.

계속되는 새로운 만남은 지구력 없는 내게 잘 맞는 옷처럼 날아갈 듯 가벼운 발걸음을 내딛게 해 주어 스피치지도사, 부모교육, 학교폭력, 진로, 식생활 강사와 학원을 열며 어느새 세월의 겹을 쌓았다.

세 명의 딸은 덜렁대는 엄마의 빈자리에도 잘 자라주고 그 나이테만큼 시선이 분산되어 여유로움이 묻어 나 한 번씩 하늘도 올려다볼 평화로운 마음이 늘어나 스스로 흐뭇해했다.

하지만 복병이 어디에선가 날 향해 미소를 짓고 있는 걸 그땐 짐작도 못 했었다. 일복 타고 난 사람은 불가항력이라더니 무슨 수로 꽃길을 걸을 수 있다고 믿었는지……

눈 한 번 깜박이고 고개를 들어 사방을 둘러보니 편의점 점주가 되어 있었다.

매년 자릿수를 바꿔가며 전국에 획기적인 돌풍을 일으키는 자영업자들의 가장 친근한 버팀목에 나도 쭈뼛거리며 손 내밀었다.

1989년 국내 처음 선보인 편의점은 2만 6천여 개로 인구 1,788명 당 하나인, 그야말로 밤하늘의 별무더기처럼 우리 곁에서 친숙한 이웃이 되었다.

그러니 동문 중 편의점 점주를 만나기엔 전혀 걸림돌이 없어 낯설지 않게 속사정을 들어 걱정과 시름을 조금은 덜어 줄 수 있는 시기인 셈이다.

맘먹고 시작한 일이 아니었지만 그래서 계획적이고 치밀할 수가 없어 사업에 대한 불안과 염려가 컸지만, 애초 내 성격상 돌다리도 두들기는 예민함은 기대할 수 없기에 불도저의 저력을 믿어보기로 했다.

짧은 시간에 결정하고 계약하고 공사가 시작되었다.

학원은 단계를 마치고 싶어 어쩌나 했는데 아이들과 부모님들도 같은 생각이어서 일 년은 함께 하기로 의견을 맞추니 책임감이 배가 되어 주먹을 불끈 쥐게 했다. 다행히 2층 학원, 1층 편의점이어서 효율성 있는 거리까지 모든 게 일사천리로 도와주고 잘하라며 토닥이는 응원의 메시지에 힘을 내고 두려울 사이도 없이 문을 열었다.

언제나 다양한 품목에 신나 하며 적극적으로 고르는 소비자 관점에서 짐작만 했던 물건의 수는 이 작은 가게 어디에 자리 잡을 수 있을지 도저히 이해되지 않았는데, 모두 척척 자기 자리를 찾아가니 한 치의 빈틈도 없이 정돈된 모습으로 손님맞이를 완성했다.

주먹구구식인 점주와는 달리 회사의 준비력은 실로 대단했다. 공사 일정이 잡히니 철거반부터 물품 정리까지 롤러코스터처럼 굴곡짐도 없이 순서를 지키며 전문가의 손길로 무에서 유를 창조했다.

나름의 활동 영역에선 연륜으로도 내민 자신감이 있었는데 생뚱맞은 이 길에서, 모르는 게 전부인 이 무지로 수많은 경우의 수를 헤쳐 나갈 수 있을지 감조차 잡지 못했지만, 다행히 휴학하고 이끌어주는 젊은 혈기인 딸이 곁에 있어 다행이라고 기도의 손을 모았다.

여러 알바의 경험으로 다져진 딸은 어미인 나보다 더 굳건했고, 정보의 숲에 머무는 이십 대답게 브랜드의 차진 얼굴도 훤히 알고 있어 천군만마가 부러울 리 만무했다. 아는 건 확실히 힘이 되어주었다.

딸에겐 가능한 일이었다. 딸은 제품 이름도 잘 알뿐더러 회사의 유통 구조 또한 쉽게 터득해 아득해하는 어미의 중심에 서서 진두지휘했다. 허허벌판에 선 어미의 황량한 가슴을 그리 잘 보듬어 주다니 투미한 어미에게서 어쩜 이리도 야무진 자식을 만났는지 감사할 따름이었다.

그 딸을 믿고 친화력이 강점인 내 장점을 더해 잘해 보리라 다짐하는 봄날에 바람 따라 성큼 나섰다.

달콤한 외상

향기로운 꽃내음이 넘실대는 궁 뜰에 살포시 앉아 정취에 빠져들고 싶은 봄날,

내 앞의 풍경과는 다르게 몸도 마음도 정신을 차릴 수 없는 어설픈 기계치 초짜 점주는 허둥대기만 하다 잠시 허기를 달래고 있었다.

그러다 급히 젓가락을 던지듯 인사말을 내놓으며 시선을 마주한 순간, 내 눈앞에는 몇 년은 묵은 된장이 몸 구석구석에 파고든 것 같은 그 냄새의 주인공이 들어서고 있었다.

내 경계의 눈초리를 간과한 그는 더없이 정겨워 마치 우리가 오래 알아온 사이처럼 누런 이를 환히 드러내며 웃었다. 덩달아 미소 지으면서도 모든 신경은 하나라도 뺏기지 않을 태세로 곤두서 있었다.

잠시 후, 그런 내가 무안해지려 할 만큼 정중한 태도로 소주와 막걸리를 내려놓았다. 그는 그다음 날도 어김없이 같은 시각 찾아와 술을 사 갔다. 달라진 건 말수가 많아지기 시작해 더 친밀감을 표현하려 했다는 것이다.

어느 순간부터 신세 한탄이 이어지더니 갑자기 나에 대한 칭찬이 이어지고 급기야 외모를 들먹이며 인상도 좋고 아가씨 시절 남자들이 줄을 섰을 거라는 둥 너스레를 떨었다. 적당히 말 잘라가며 친절한 자세는 잃지 않으리라 다짐하면서도 불쑥 한마디하고 싶은 걸 참느라 애쓰고 있었다.

만만치 않다는 걸 보여주려고 눈에 잔뜩 힘만 주니 눈만 빠져나갈 듯 아파져 오는데 정작 상대방은 무궁무진한 얘깃거리를 제공해 주었다.

참, 사람 마음이 간사하다. 그만 가 주었으면 좋겠다는 앞선 마음도 예쁘다는 칭찬에 괜히 어깨가 으쓱거려지기에 무장한 눈초리가 한결 부드러워졌다.

술은 그들에게 주식이었다.

비싼 안줏거리는 버거워서였을까. 막걸리, 소주를 사이좋게 바꿔가며 옆 공원이 집인 그들은 매일 아침부터 어둑해지는 늦은 오후까지 연신 술을 사 갔다. 칭찬의 달인은 꼬박꼬박 만 원을 냈다. 화수분이 곁에 있는 것처럼 속주머니가 마를 날이 없어 보였다.

호탕한 그가 하루는 풀이 죽어 좀 있으면 돈이 들어오는데 소주 한 병 달라고 요청했다. 어린아이가 먹고 싶은 과자 얻기 위해 바라보는 간절한 눈빛을 보냈다. 그러면서 주머니에서 카드 여러 장을 펼쳐 보이며 안 되는 카드가 어떤 건지 몰라서 그러는 거라며 이왕이면 현금을 주는 게 낫지 않느냐고 했다.

그에게 돈이 들어올 수 있는 창구가 무엇일까? 순간 머릿속에서 검색하다 정신이 번쩍 들었다. 여긴 회사에 입금해야 해서 다음에 받을 수가 없다고 거부 의사를 밝혔지만, 그의 집요한 줄다리기는 이어졌다.

똑 부러지는 묘책이 필요했다. 이미 들어서던 고객도 그의 눈에 띄는 차림새와 향기에 발길을 돌린 뒤였다. 카드를 한번 씩 다 해 보자고 제의하면 흔쾌히 받아들일 줄 알았는데 내 말을 들은 그는 갑자기 허둥대며 술을 제자리에 두고는 가게를 나섰다.

그는 그 이후 모습을 보이지 않았다.

며칠 뒤 그의 이웃이지만 멋을 아는 낭만주의자가 등장했다.

기타를 둘러매고 나타난 그는 청소년 시절 밴드부에 있었다며 음악이야말로 최대의 기쁨이라고 조금은 과장된 태도를 보였다.

다음날엔 가게 앞에서 노래를 불러주겠다고 했다.

익숙해지니 더는 그들이 두렵지 않아졌다.

어린 시절 고무줄 끊고 도망가는 머슴애들을 응징한 전력이 있던 기억이 되살아나며 올 테면 오라는 객기가 샘솟아 맞설 충분조건이 형성되었다. 농담에 맞장구치는 여유도 생겨나고 능구렁이 담 넘어가듯 대처 능력이 생겨나 원래 탁월한 재능이 있는 것 같은 착각도 불러일으켰다.

콧노래를 흥얼거리며 들어서던 그는 안줏거리도 사고 매출 올려준다는 거드름도 피우기 시작하며 얼굴도장을 착실히 찍어갔다. 새로운 얼굴도 나타나고 번갈아가며 친숙함을 드러내 보이곤 했다.

매일의 만남이 자연스러워지고 혹 안 오는 날은 괜스레 걱정도 될 무렵, 자칭 음악인인 그가 소주 몇 병 잠시만 가져가고 금방 돈 빌려 오겠다고 굳은 결의를 보였다. 외상은 절대 사절이라고 조금 큰 소리로 말했지만 막무가내였다. 줄지어 그들은 딱 한 번 만이라며 통사정을 했다.

그때야 난 현실을 직감했다. 그들은 애초에 나와의 친밀감을 형성할 이유조차 없었던 거였다. 오로지 외상을 목표로 세레나데를 불러 준 셈이었다. 그들의 사연을 구구절절 들어 준 시간이 못내 야속했다.

세상은 황홀한 분홍빛 사연으로 넘쳐나지만, 우리가 맞닥뜨린 눈앞엔 그리 호락호락하지 않은 인생살이가 놓여 있어 시시각각 마음을 다잡아야 한다는 것을 반백이 되어서야 체험으로 실감한다.

어쩌겠는가. 이리 조금씩 보태어져 야물어져야 하는 것을…….

강경한 내 태도에 자신들의 의지가 꺾이자 문턱이 닳도록 드나들던 그들은 주변을 둘러봐도 찾아볼 수 없었다. 짐작이 들어맞았구나 생각하니 환한 봄볕이 얄궂은 심술을 부리는 양 흘겨본다.

봄바람에 딱지 맞은 처녀·총각처럼 풀이 죽어 하늘 한 번 올려다보고 불편한 심기를 위로받으며 손님맞이에 달인이 되는 그 날을 향해 나를 토닥인다.

주인 잃은 컵라면

노숙자 무리에서 그를 찾아볼 수 없었다.

그는 늘 혼자였다.

편의점 문을 처음 들어서던 날도 유난히 조심스럽게 움직여 작은 체구가 사람들 사이에 가려져 길을 잃은 듯 위태로워 보였다. 술을 계산대에 올려놓겠거니 했는데 뜻밖에도 노란 바나나 우유였다.

아시아 관광객이 꼭 찾는 모회사의 간판 제품인 그 우유를 들고 오니 나도 모르게 설핏 웃음이 흘러나왔다. 빨대를 챙겨주니 답례라도 하듯 어설픈 미소도 잠깐 지어 보였다.

아버지가 선생님이었다고 했다. 어린 시절 유복하게 보냈는데 지금 자기 모습으로는 죽어서도 부모님 얼굴을 뵐 수 없을 거라고 했다. 눈인사도 할 즈음 그가 전해 준 말에 그라면 거짓말은 하지 않을 것 같다고 생각했다.

매일 바나나우유 하나씩 먹으며 목숨을 이어간다고 했다. 밥을 먹기가 싫어 안 먹었더니 더는 뭘 씹어 먹을 수가 없다고 하며 간간이 술도 사 갔다. 마을 아주머니 한 분이 그를 걱정하며 가끔 먹을거리와 돈을 준다는 사실도 그즈음 알게 되었다.

공원에 키우는 개를 데리고 산책하러 나갔다가 알게 됐다며 이렇게 살 사람이 아닌데 안타깝다고 건강도 걱정했다. 일가친척도 아닌 이웃사촌을 꾸준히 돕고 있는 아주머니의 고운 심성에 그가 위로받고 힘을 낼 수 있는 원동력이 되었을 것이다.

누군가 날 위해 보여주는 작은 관심에 때론 큰 위로를 받게 되는 게 우리의 마음이니 말이다.

왜소한 체구에 소곤거리듯 말하던 그가 여름날 자취를 감추었다.

워낙 여기저기 옮겨 다니는 그들이라 어디론가 가서 잠시 머무나 싶었던 그가 다시 모습을 보인 건 찬바람이 가슴을 시리게 하는 초겨울이었다.

그 모습은 가히 충격적이었다. 금방이라도 쓰러질 듯 위태로워 보여 편의점 문조차 여는 게 힘겨워 보였다. 들어서서는 수줍게 말하던 예전과 다르게 조금은 화난 목소리로 컵라면을 달라고 말했다. 이게 무슨 상황인지 추스를 틈도 없이 대뜸 안 줄 거면 그만두라고 소리 질렀다. 그러더니 편의점 앞 인도에 주저앉아 노래진 안색으로 뭐라 말했지만, 선뜻 나서지 않고 있는데 길 건너편에 있던 외국인 관광객이 도움의 손길이 필요하다고 생각했는지 좌우를 살피며 길을 건넜다.

그 광경에 움찔한 난 마치 선한 마음으로 처음부터 그럴 생각이었던 것처럼 얼른 나가 그를 부축했다. 그리고는 옆 복도 한쪽에 마련한 시식대 간이의자에 앉게 했다. 얼른 편의점으로 들어와 컵라면에 물을 부어 앞에 놓고는 젓가락을 손에 쥐어주었지만, 그는 내 위선을 다 안다는 듯 라면은 쳐다보지도 않았다.

손님이 가게로 들어서는 게 보여 돌아서 왔지만, 생각 너머로 따끈한 국물이라도 먹는다면 다행이라고 여겼다.

한동안 고객 응대하느라 바쁜 손길로 분주한 사이, 급하게 정차하는 구급차가 눈에 들어왔다. 옆집 카페 사장님이 비틀거리며 주저앉는 그를 보고 전화했던 거였다. 구급차 타지 않겠다고 고집을 부려 애를 먹이다 올라탄 모양이었다.

그는 가고 나는 다시 평온을 찾았지만 내내 마음 한구석이 짠하고 안쓰러워 먹먹하게 오후를 보내야 했다.

누군가의 사랑인 아들이었을 것이고 꿈꾸는 청년이었을 그의 인생이 한 편의 영화처럼 흐르고 아무도 찾지 않는 외로운 병상의 쓸쓸하여 고독한 세월 또한 그의 몫이라 생각하니 허허로움이 밀려왔다.

잊고 있던 컵라면이 떠올라 급히 가보니 불어터져 라면 본연의 모습은 사라지고 컵 위로 수북이 쌓인 밀가루 덩이만이 그의 마음만큼이나 초라하게 놓여 있었다.

얼마나 속이 비었으면 라면을 찾았을까.

아니면 늘 와서 즐겨 먹던 바나나우유가 그리워서 이곳으로 발걸음을 돌렸던 걸까. 그에게 순수한 마음의 친구가 되어주지 못해 미안할 뿐이다.

언젠가 도로 위를 힘겹게 가고 있는 장애인에게 길 가 제과점의 직원이 빵을 건네는 훈훈한 기사를 접한 적이 있다. 계산하지 않는 인간적인 천성이어서 가능한 일이다. 사람의 마음으로 다가가야 하는데 난 늘 머리가 먼저 앞선다. 갈등하며 순간적인 고민으로 계산된 마음을 표현하고 또 후회하는 반복이 멋진 중년을 방해하는지도 모른다.

늘 어린아이 같은 본연의 모습을 잃지 않는 판단으로 살아가야 할 텐데 욕심이 심술을 부릴지 걱정이다.

이해인 수녀님의 시 '어떤 기도'에서는 기쁜 일이 생기면 기뻐서 감사하고, 슬픈 일이 생기면 슬픔 중에도 감사하자고, 그러면 다시 새 힘이 생긴다고 했다.

불만보다 좀 더 마음을 다소곳이 모으는 지혜가 필요한 때다.

힘이 솟아날 수 있게 감사의 손을 모아 하루하루를 만나련다.

인연의 비타 500

편의점 일이 달을 몇 번 넘기니 고객과 눈 마주칠 수 있는 여유가 생겨나기 시작해 편안한 마음으로 휴식을 취할 수도 있게 되었다.

조금 한가로운 일요일 저녁 시간, 막둥이와 서로 핸드폰 들여다보며 간간이 찾는 손님을 맞이하고 있었다. 저녁 시간이라 거친 고객이 들어오면 어쩌나 하는 걱정도 있었기에 문을 열고 들어서는 건장한 청년의 모습에 잠깐이나마 놀라 딸과 서로 눈을 마주쳤다.

청년은 큰 발걸음으로 냉장고 앞에 섰다. 한참을 신중하게 생각하는 듯해서 도와드릴 게 있냐고 물어야 하나 고민하는 사이, 비타 500 두 병을 계산대 위에 살포시 내려놓았다. 바코드를 찍고 계산을 마치고 봉투에 담을 것인지 물어보려 눈을 마주치는데 거대한 체격과는 달리 한없이 여린 눈빛이 날 내려다보고 있었다.

피곤하실 텐데 이거 드시라며 한 병을 살며시 내 앞으로 내밀었다. 그러면서 곧이어 수첩을 건네며 이야기보따리를 풀어 내렸다.

여자 친구가 매우 아프다면서 응원의 글을 부탁한다고 고백이라도 하는 양 수줍게 말했다. 언젠가 우리 편의점에 왔던 친구가 남편과 나의 티격태격하는 모습을 보았던 모양이었다. 장난처럼 보이기도 하던 부부의 모습이 참 좋았다며 남자 친구인 자기에게 두고두고 얘기했다고 말하는데 순간 고마운 마음보다 도대체 이 상황을 어찌 받아들여야 할지 갈피를 잡을 수가 없었다.

좋은 분의 위로와 격려에 여자 친구가 아픔을 이겨 낼 것 같아 오게 되었다며 여자 친구 이름은 미선이라고 했다.

하도 이상한 일이 많이 일어나는 요즘, 이렇게 불쑥 부딪히는 만남에 벽을 만드는 내 고약한 심성을 탓하며 잠시 머뭇거렸다. 하지만 마음 한 편에선 걱정도 가지가지 많은 못난 심보는 그만 던져버리라 재촉하고 헛기침 한 번에 펜을 받아 들었다.

글 몇 줄 쓰는 건데 무슨 일이 있겠어, 괜찮아. 그런데 얼마나 아프기에 친구가 응원의 글을 부탁하는 건지 그제야 설핏 여자 친구의 안부가 궁금하고 걱정되었지만, 선뜻 물어보기가 내 마음을 들킬 것 같아 입을 닫았다.

힘내라는 응원의 글을 적어 건네자 청년은 함박웃음을 지어 보였다. 정중한 인사를 뒤로하고 나가는 청년을 배웅하면서 여자 친구를 걱정하는 그 마음이 고와 누군지는 모르지만, 행복한 사람이란 생각을 했다. 위중한 병이 아니기를 청년의 뒷모습을 바라보며 화살기도를 보냈다.

가족에게도 저녁에 일어난 일을 이야기하며 별일이기도 하지만 그런 사랑과 관심 받는 건 참 부럽다고 애써 남편을 바라보며 강조해 남편도 머쓱한지 딴청을 부렸다.

그 일은 그렇게 의문과 뿌듯함을 동시에 가져다준 색다른 경험이었다. 미선님이 또다시 내 앞에 나타나기 전까지 가끔 떠올리면 감정의 교차로 미묘하긴 했지만, 시간의 흐름에 점점 무디어져 갔다.

어느 오후, 키도 크고 건강미가 흐르는 젊은이가 계산하며 응원 글의 주인공이 자기라고 고백했다. 궁금했던 모든 게 해결되는 순간이었다. 반가워서 손이라도 덥석 잡으려다 너무 방정을 떠는 것 같아 그만두었다. 병이 있었던 건 아니고 조금 앓았던 것뿐인데 친구가 글을 받아와 본인도 많이 놀랐다고 얘기하며 미소 짓는 모습에 안도가 되며 예쁜 사랑에 잠깐의 의심이 미안했다.

좋은 친구 있어서 정말 부럽다고 했더니 그 남자 친구와 헤어졌노라고 무덤덤하게 말해 적잖이 놀라웠다. 둘이 참 잘 어울린다고 느꼈는데 인연이 고만큼이었는지 아쉬웠다. 그 뒤로 종종 편의점에 들러 미소를 남겼다.

먼 곳에 있는 딸이 엄마 보고파 잠시 들르는 것처럼 어느 날엔 빵을, 초콜릿을, 여행 다녀왔다고 엽서에 짤막한 그리움도 적어 놓고 갔다. 자리를 비운 사이 다녀간 흔적을 발견하면 산타할아버지의 등장을 고대하는 어린 아이의 마음이 되어 해맑아진다.

학교 졸업하고 취업했다며 자주 못 온다는 인사도, 사회생활 너무 힘들어 오래 못 다니겠다고 투정 섞인 하소연을 들을 때면 내 딸이 마주하고 있는 것 같아 안쓰럽기 그지없다.

살아가며 이 고마움을 어찌 갚을 수 있을지 겁도 나는 게 사실이다.

연예인도 아닌 편의점 점주에게 이리 살가운 정을 나누어 준다는 게 더없이 고맙고 기쁨을 전해주는 천사이다.

어진 사람을 대할 수 있는 좋은 오늘이 조금 지쳐있는 내게 큰 힘을 주고 있다. 아픈 친구에게 전한 짤막한 마음이 부메랑되어 일에 묻혀 있는 일상에 활기를 불어넣어 주고 있다. 사람이, 그 정이 삶의 한 모퉁이에서 잔잔한 감동을 주며 살맛이 나는 세상을 만들어 주고 있다.

딸들은 엄마를 생각하는 마음이 자기들보다 더 애틋하다고 눈을 동그랗게 뜬다. 나도 그녀도 이웃으로 만나 서로 다른 모습의 힘이 되어주는 존재라면 우린 참 닮은꼴이다.

인연이란 것이 사람을 따뜻하게 만들어 주고 은근한 도미노의 원천이 된다. 별로 잘나지 않은 나 자신에게로 향한 초승달 미소는 시들어가는 자존감을 높여 주었으니 나도 누군가에게 자존감을 회복하는 불씨가 된다면 참 좋겠다.

사랑의 전령사 초콜릿

학원 제자 선호가 헐레벌떡 가게 안으로 들어선다.

손에 초등학교 6학년이 갖기엔 부담스러운 값비싼 전화기를 들고 있기에 샀냐고 물었더니 길에서 발견했는데 주인이 근처에 있을 것 같다고 찾으러 오면 전해주라며 내 손에 덥석 쥐어 주었다.

번거로운 일을 자처하는 선호가 예쁘다.

곧이어 벨 소리가 울리고 전화기의 주인인 듯 다급한 음성이 귀를 울렸다. 선호와 난 서로 마주 보며 잘 됐다고 웃었다. 잃어버리고 애탈 생각을 하니 선호의 선택이 빛나 보여 역시 내 제자라고 뿌듯해해 선호가 수줍게 웃었다.

아주 가까이 있었는지 금방 도착했다. 자초지종을 설명하며 이 친구라고 선호를 소개했다. 착한 일을 했다고 선호의 머리라도 쓰다듬어 주고 칭찬할 거란 예상을 뒤집고 바쁜지 고맙다는 말을 웅얼거리며 급히 나가는 뒷모습에서 시선을 돌려 선호를 바라봤더니 조금 의아스러운 표정이었다.

물론 과한 칭찬을 할 필요는 없지만 적절한 당근은 아이들에게 무한한 용기를 선사하리라 믿는다. 자신의 행동에 대한 자신감과 책임감을 배울 수 있는 길에서 만나는 관심은 아이들에게 좋은 영향력을 끼칠 텐데 무심한 전화기 주인이 야속했다. 머쓱해 하는 선호에게 얼른 초콜릿을 건넸더니 환한 웃음을 짓고 돌아선다. 한 입의 초콜릿이 내 맘 속으로 들어온다.

한여름 무더위에 천대받던 초콜릿은 10월에 들어서면서 화려한 마력을 뽐낸다. 찬바람이 불면 허한 가슴을 작은 초콜릿 하나로 달래기에 충분하다. 하나 더하기 하나, 둘 더하기 하나 행사로 마음을 끌며 본래의 여왕 자리를 꿰차고 만다.

이 천 년 만 년 누릴 달콤하면서도 독특한 향은 저마다의 사연도 누구에게도 들키지 않게 꽁꽁 싸매고 훈훈한 향기로 세상을 지배한다.

어느 저녁,

인물 좋은 청년이 네모 포장의 초콜릿을 계산하고 돌아서지 않고 머뭇거렸다. 더 필요하신 게 있냐고 물었더니 여자 친구에게 주고 싶은데 리본이라도 붙였으면 좋겠다는 거였다.

고백의 그 날인지도 모를 젊은이에게 꼭 도움을 줬으면 좋겠는데 뾰족한 방법이 없었다. 문구점도 아닌데 난감해 주위를 둘러보고 있다가 번뜩 떠오르는 게 있었다. 행사 때 쓰고 남은 예쁜 그림의 비닐과 묶을 수 있는 띠가 있어 따로 담아 주었다.

청년은 더없이 행복한 표정에 힘찬 발걸음으로 편의점 문을 나섰다. 여자 친구가 실망의 기색을 보이지 말았으면 좋겠다고 혼자 살짝 기도하며 비록 작지만, 사랑을 전하는 이 땅의 젊은이들을 응원하고 싶었다.

어느 날은 24시간 영업하지 않는 우리 점포의 마감 시간이 다가와 정리를 하고 있는데 젊은 여성이 남자 친구의 생일을 잊었다며 초코파이 몇 개와 음료를 사며 초가 있는지를 물었다. 그 시각 제과점 열린 곳이 없기에 내가 생각해도 초조할 뿐이었다.

그러나 늘 하늘은 열려 있고 우리에게 축복이 있지 않은가. 가족 생일에 샀던 케이크에서 남은 초가 테이블 귀퉁이에 있는 게 눈에 들어왔고, 젊은 사랑에 가득 풍선을 달아 줄 수 있어 나도 참 좋았다.

세상 부럽지 않은 소박한 사랑이 편의점에서 피어난다. 이럴 때마다 편의점 연 자부심에 내 가슴은 벅차오른다. 좋아하는 초콜릿을 언제나 가까이하고, 그 작은 달콤함으로 사랑이 영글어, 팔고 사는 우리 모두가 정으로 소통되는 이 하루하루가 얼마나 소중한 시간인가.

사랑을 전하는 초콜릿의 가을부터 겨울은 분주한 나날의 연속이다.

일 년의 여러 행사 중 초콜릿을 전하는 잔치가 제일 큰 행사여서 한 달 전에 이미 예약 발주가 마감되고 그즈음은 며칠에 걸쳐 상품을 받고 정리를 시작하는 아주 분주한 날을 만난다.

많은 분량을 검수하고 모아 두는 것도 큰일이어서 긴장하기 마련인데 조그만 우리 점포에서도 이럴진대 평수가 넓고 많은 고객이 오가는 곳은 정말 보통 일이 아닐 거라는 짐작이 간다.

상품이 도착하면 희비가 엇갈린다. 예약 발주 시 사진으로만 보는 거라 크기가 명시되어 있음에도 도착해 직접 확인하면 탄성을 지를 때도, 실망의 탄식도 나오게 마련이다. 하지만 그 정도는 아주 애교에 불과하다.

발주할 때 잘못된 손가락의 움직임으로 숫자에 0이 하나 더 붙으면 그야말로 화산 폭발을 잉태한 지경에 이른다. 보통 때는 혹여 잘못 입력하면 본사 센터에서 친절하게 확인해준다.

대량 주문이 아닐 때는 가슴을 쓸어내리고 감사의 인사를 전하지만 이렇게 행사 때는 어쩔 도리가 없기에 뭐라고 항변할 수도 없다.

업체가 받아주는 반품의 품목이 한계가 있어 난감하다. 물론 다 팔면 되는 간단한 해결책이 있지만, 지역적 특성은 매우 정확해서 절대 고객의 품에 안길 수 없는 가혹한 현실을 만나기도 한다.

보기만 해도 애정 어린 눈길이 가는 초콜릿이 유일하게 슬픈 처지로 나락 하는 순간이기도 하다. 애간장을 태운다고 해결될 것도 아니면 반대로 생각하는 게 가장 빠른 해방의 출구다.

어차피 감수해야 하고 다 소화해내지 못할 바에는 선물이 최고다. 성당 친구들에게 크리스마스 선물로 보내리라 마음먹으니 절로 뭉쳤던 체기가 훅하고 내려간다. 이런 일이 자주 일어나면 안 되겠지만, 다음에 실수가 거듭되면 도움이 필요한 친구들에게도 정을 나누고 싶다.

처음부터의 계획된 선행이 아닐지라도 시작이 반이라는 격려에 힘을 얻고 세상을 향해 달콤한 사랑을 전하는 편의점 점주로 거듭나고 싶은 바람을 담아 성실히 살아 보려 한다.

자화상

제법 매서운 바람이 몰아쳐 편의점 문을 꽉꽉 닫고 떨고 있는 겨울 일요일 저녁이면 뜨끈한 방바닥이 그리워 더 센 바람이 가슴에서 분다.

시골 조그마한 가게에 들어서면 보이는 풍경인 담요 덮고 누워 계시다 손님 들어서면 빠끔히 방문 여는 노부부의 그 소소함이 문득 부러워 옷깃을 여민다.

연중무휴인 편의점이 제일 불만스러워질 때가 바로 요맘때이다. 퇴직한 남편과 둘이서 꾸려 나가기에 나만 힘들다고 안 할 수가 없다. 아무래도 날씨의 영향을 제일 많이 받는 직종인지라 추워지면 매출이 급하강하고 더불어 일도 많이 줄어들어 딸들의 도움도 받아 가족 체제로 돌입했다.

궁 옆의 지리적 위치는 관광객의 감소로 부득이한 우리만의 월동 준비인 셈이다. 남의 떡이 커 보이는 뾸난 마음에 일 년 매출 한결같은 점포가 부러운 건 사실이다. 하지만 이 점포만의 롤러코스터 같은 매력이 있어 내 성격에 잘 맞는 것 또한 부정할 수 없다.

찬란한 봄을 기다리는 시간을 충전의 기회로 삼아야 한다고 스스로 잘 토닥여야 한다.

금방 어두워져 유리 너머의 풍경이 아스라해질 무렵, 초등학생인 것 같은 남자아이가 문에 걸린 종의 딸랑 소리와 함께 들어섰다. 동네 아이는 아닌 것 같아 주의 깊게 보고 있는데 컵라면 하나를 계산대 위에 올려놓았다. 컵라면을 잡은 손이 바르르 떨렸다. 부모가 따라 들어오나 기다렸는데 모습은 보이지 않고 아이는 돈이 부족하다며 울먹였다.

추위와 허기에 무척 힘들어 보여 괜찮다고 안심시키면서 뜨거운 물을 부어 옆 복도 시식대로 아이를 이끌었다. 가게로 돌아와 생각해봐도 뭔가 의심쩍었다. 먼 곳에서 왔다면 이 시각에 왜 혼자 있는지, 눈을 마주치지 않고 왜 떨고 있는지, 엄마만의 촉각이 곤두서고 있었다.

남편은 배고파 급히 먹으면 체한다며 아이에게 생수 한 병 갖다 주라고 했다. 미처 생각지 못한 나를 대신해 채워주고 역시 내 남편이다. 컵라면을 맛있게 먹었을 즈음, 생수를 건네며 넌지시 이름과 나이를 물었다.

허기를 달래서인지 아까와는 달리 또박또박 말을 이어갔다. 자기는 게임이 너무 좋은데 부모님이 싫어하셔서 사이가 안 좋다며 낮에도 조금만 더 하겠다고 고집부리다 쫓겨났다고 조심스럽게 말했다.

집이 어디냐고 물으니 용인이라고 해 깜짝 놀라 그럼 여기엔 어떻게 온 거냐고 하니 할머니 댁이 서울 남대문 근처라고 했다. 남대문도 여기에서 한참 가야 하는데 지하철을 잘못 갈아탄 모양이었다.

아이를 추운 밤거리에 혼자 나서게 할 순 없었다.

친구도 없어 무작정 서울로 온 아이를 부모 품에 안겨줘야 하는 게 당연하다고 생각했다. 경찰에게 연락해 줄까 물으니 싫다고 전화번호를 알려주었다. 수화기 건너 아이의 아버지 목소리는 뜻밖에 담담했다. 얼마가 지나고 도착한 아이의 아빠는 감사하다는 말과 함께 편의점 옆에서 오래도록 담배를 피웠다.

그렇게 아이는 아빠와 함께 떠나고 아이도 부모도 객관적인 입장에선 이해의 맘이 생겨났지만, 대화가 단절된 오늘의 가정의 모습이 보여 속상한 마음으로 멀어져가는 차의 뒷모습을 오래도록 보고 있었다.

다혈질인 엄마가 아이에겐 가장 치명적이다.

내가 그랬다. 딸들보다 앞서 걸으며 다그치고 화내고 전쟁 같은 세월을 보냈다. 기다려주고 눈 마주치는 아주 단순한 관계 형성을 독재자인 엄마 위주로 몰아세웠다. 큰딸의 대학 입시를 앞두고 수험생 기도를 시작하며 매일 아침 성당에 들러 기도하며 얼마나 많은 상처를 줬을지 딸에게 미안하고 죄스러워하며 시간을 채웠었다.

물론 하루아침에 내 성격이 변하는 건 아니지만, 그 후 부모교육 강사의 길에서 내가 겪은 오류를 범하지 않는 지혜를 엄마들과 나누었었다.

젊은 엄마들은 다행히 차분하게 기다려주는 현명함이 있어서 좋긴 하지만 때론 아닌 경우에도 아이의 입장만을 고려해 상황을 외면하곤 해서 심기가 불편한 적이 종종 있다.

아이들 여러 명과 그중 한 아이의 엄마로 보이는 젊은 여성이 들어왔다.

왁자지껄 컵얼음과 음료를 계산하고 각자 타려는 순간 컵얼음 비닐을 뜯던 한 친구의 실수로 컵 안의 얼음이 바닥에 눈송이처럼 뿌려졌다. 아이는 어쩔 줄 몰라 하는데 어른은 미동조차 없이 그 광경을 건너 불구경하듯 바라만 보고 있었다. 그러면서 아이에게 괜찮다며 입구 쪽으로 가만히 옷깃을 당겼다.

기가 차고 슬그머니 부아가 치밀었다. 뭐가 괜찮단 말인가. 얼음이 녹으면 물이 되어 그 물을 누군가 밟아 미끄러지면 큰 사고로 이어질 수도 있는 것을, 그렇게까지 깊게 생각은 못 한다 하더라도 문제 해결 방법은 아이에게 알려줘야 하고 생각해 보게 해 줘야 하는데도 많은 부모는 당황하는 아이를 진정시키는 데만 집중한다.

그런 일이 아이에게 상처로 남지는 않는다. 오히려 내가 실수한 것을 사과하고 마무리할 수 있는 체험 또한 성장하는 데 중요하다는 것을 인지하면 좋겠는데 안타까운 만남이 있어 개운하지 않다.

언젠가 접한 기사에서 식당에서 장난치는 아이를 말리려 하자 그 아이의 엄마가 애가 그럴 수도 있는 거 아니냐며 항의하니 애는 애니까 그럴 수 있지만, 부모는 부모니까 그러면 안 되는 거라고 말한 일화를 접한 적이 있다. 그 상황에 딱 맞는 기막힌 답변을 했다고 무릎을 쳤었는데 내 입장이 되고 보니 부글부글 화만 치솟고 한 방을 노릴 수가 없었다.

아이에게 실수는 괜찮지만, 사과는 해야 한다고 말했더니 아이가 얼굴을 붉히며 죄송하다고 고개를 숙였다. 조각 얼음은 아줌마가 치우겠다고 말하며 걸레를 집어 들었는데도 어른은 여전히 시선을 외면한 채 떨떠름한 표정을 짓고 있었다.

주말이면 부모들이 방앗간 앞을 지나치지 못하는 아이들의 요구로 편의점에 많이 온다.

휴일의 여유로움이 자유로운 가족의 모습으로 비쳐, 보는 이도 미소를 짓는 따라쟁이가 되기도 한다. 하지만 반대로 들어올 땐 아이들보고 마음대로 고르라고 선심 쓰듯 편안히 말을 해 아이들의 마음을 공중 부양시켜 신나서 들고 오면 인상을 쓰며 그건 안 되는 거라고 순식간에 나락으로 떨어지게 하는 부모의 모습도 있다.

그러다 아이들이 칭얼대기 시작하면 번쩍 화를 내며 계산대에 올려놓으라고 외마디를 한다.

동화구연가의 역할이 필요하다 싶으면 아이들의 관심을 돌려 놓고 사지 말아야 하는 설명도 내 몫으로 돌려 부모와의 화해 분위기를 조성하곤 하지만 아이들의 마음은 이미 상한 뒤라 별 효과를 기대할 수 없을 때가 더 많다.

젊은 부모의 모습에서 늘 솟는 내 젊은 시절의 즉흥적인 감정의 모순된 자세를 느껴 부끄럽고 미안하다. 일관적이지 못해 어리둥절했을 내 딸들에게 뒤늦은 사과를 하게 된다.

예전엔 부모의 자리만 버겁고 힘들다고 생각했는데 자식으로 성장하며 부모를 겪어야 하는 것도 쉽지 않은 내 어린 시절이 있었다는 걸 까맣게 잊고 있었다. 요즘도 바쁠 때면 편의점으로 호출해 어쩔 수 없이 도리를 행하느라 힘들 딸들에게 염치없지만, 열심히 사는 부모의 모습이야말로 최대의 유산이라고 믿어 의심치 않는다.

바른 거울이 되기 위해 부모의 자리에서 최선을 다해 살아야 한다. 부모이기 전에 진정한 한 인간으로서 거듭나는 노력을 언제나 기울여야 한다.

밥이냐 군것질이냐

이 층 학원을 그만두면서 궁 한 모퉁이가 내다뵈는 전망 좋은 그 공간의 아늑함을 많은 사람과 나누고 싶어 새로운 변신을 시도했다. 궁이 있는 이 마을이 좋아 건축을 전공한 젊은 부부가 둥지를 지어 우리와 인연이 되어 이 층을 보는 이마다 절로 탄성을 짓게 꾸며주었다.

눈앞의 이익만을 추구하지 않은 공간의 미학은 진실한 모습을 보여주기에 충분했다. 계약은 했지만, 그저 그게 다가 아니라 마음으로 살뜰하게 지어 주어 고마울 따름이었다.

누군가와 함께 대화를 나누거나, 홀로 허기를 달래건 먹을거리가 이어주는 만남은 뭐든지 추억이 된다. 편의점에서 기다리는 수많은 상품은 계산대에 올라와 새로운 길을 떠나는 순간 그 사람에게 훗날 기억될 수 있는 소중한 만남을 위해 존재한다.

우린 언제나 기억하는 그 맛, 그 촉감으로 가슴 한구석에 간직한 추억의 서랍 속에서 살며시 꺼내 행복해하며 재현되기를 소망하는지도 모른다.

편의점 이 층이 그런 공간이기를 바라는 마음 가득했다.

대한민국 서울 그리고 궁 뜰이 보이는 이곳에서 관광이든 모임이든 혼자만의 시간이든 훗날 넉넉한 시선으로 돌아보기를 고대했다.

공간이 너무 아깝다고 경제적인 이익 창출을 해야 한다는 의견이 많고 나 역시 그러기를 소원하지만 일층 편의점이 작은 점포여서 복도에 마련한 시식대로는 턱없이 부족한 상황인지라 욕심은 부리지 않기로 했다.

이 층을 열고서 주변의 반응은 거의 폭발적이었다.

한 끼의 매력이 충분하다고 적극적으로 추천하는 분들도 있었지만, 아무에게도 알리지 않고 혼자만 비밀을 간직하겠다고 소곤대는 이도 있었다. 간편한 요리법으로 요리의 대중화에 힘

쓴 백 선생이 야심에 차게 내놓은 도시락과 함께 출발한 이 층의 시식 공간인지라 주변 직장인들뿐만 아니라 주말 가족들에게도 따뜻한 밥 한 끼의 정겨움이 묻어났다.

잘 먹었다는 인사를 받으면 내가 지어낸 밥을 잘 드셔 준 것처럼 정성 어린 마음이 되고 참 훈훈해진다.

밥이 별거 아닌 것 같아도 절대 우리에겐 그럴 수 없고 연배가 깊어질수록 밥으로 채워야 든든한 하루를 보낼 수 있으니 우리 민족에게 밥은 생명인 거다. 그 밥을 공유한 점주와 고객의 만남은 그래서 더 친근감이 들 수밖에 없다.

도시락을 즐겨 찾는 인근 직장의 젊은 고객들은 종류별로 선보이는 진열대 앞에서 서로 정보를 공유하며 신중한 선택을 한다. 직장 동료이면서 하루의 많은 시간을 함께하는 그들은 밥을 먹으며 동료애가 깊어졌을 것이다.

가벼운 농담과 장난으로 친분을 나타내며 즐겁게 이 층으로 향하는 그들을 보면 엄마의 미소가 절로 나온다.

휴식 시간에 간식거리로 담소를 나누는 그들을 보면서 군것질이 주는 편안함도 떠올린다. 어렸을 때부터 아버지께선 살찐다고 간식을 금지하는 엄마 몰래 방에 살짝 봉지를 숨겨 놓곤

하셨다. 그 달콤함과 짭짜름한 맛의 매력에 빠진 나는 체중의 증가에도 불구하고 계속되는 유혹에 빠져 있었다. 밥을 먹고 나면 얼른 방으로 들어가 반찬의 마늘 향을 순식간에 사라지게 하고 입 안에 부드러운 맛을 선사하는 군것질의 세계에 찬사를 보냈다.

아버지는 연양갱을 특히 좋아하셔서 자주 사 주셨는데 지금도 점포 안에 진열된 갈색의 달달한 맛을 느낄 때면 돌아가신 아버지가 그리워 목이 멘다. 아버지의 그리운 사랑이 달콤한 맛에 깃들어 있음을 편의점 점주가 되어 사무치게 느끼고 있다.

그때는 부모님이 가게 주인이었으면 좋겠다고 바랐었는데 지금의 내 모습에 영향을 준 건 아니었을까 생각하면 웃음이 나기도 한다.

요즘도 바빠 시간이 어중간하면 밥을 먹어야 하나, 군것질거리로 맛의 유혹에 넘어가야 하나 고민이 이만저만이 아니다. 그러니 주간 상품 안내를 두드리며 신상품이 짠하고 등장하는 매주 목요일을 엄청 기다린다.

본사 담당 직원의 친절한 소개를 기다릴 사이도 없이 상품을 목 빠지게 고대한다. 신상품이 나와 발주해서 도착하면 일단 먹어본다. 다음 날부터 고객들에게 내 입맛에 대한 평가도 함께 받으며 열심히 홍보한다. 우린 신상품에 관한 얘기꽃을 피우며 친구가 된다.

맛에 대해 비슷한 취향을 나누면 괜스레 정이 느껴지고 웃음이 피어난다. 물론 맛있다고 큰소리치며 권했다가 영 아니었다고 삐친 듯한 분위기를 만날 때도 있지만 그 고객도 다른 맛에 만족하면 기쁨이 배가 된다.

밥거리와 군것질을 권할 수 있고 서로 맛에 대해 소통하는 편의점이어서 참 좋다.

내 식구 챙기기

생계형 사업은 지출을 줄이는 게 가장 현명한 길이라고 주변에서 조언을 한다.

남편도 퇴직하고 세 딸도 있어 알바의 도움을 꼭 필요로 하지 않았는데 편의점을 하나 더 열게 되면서 선택의 여지가 없게 되었다. 매일 출근하던 남편이 퇴직하고 바로 편의점 일을 함께하면서부터 허해진 남편의 마음도, 휴일 없이 일하며 피곤한 몸도 우리에겐 낯선 풍경으로 다가왔다.

나사 하나 빠진 것처럼 삐걱거렸고 정다웠던 우리는 이 작은 공간에서 서로의 마음을 몰라준다고 으르렁댔다. 어디서부터 잘못되었는지 어찌해야 하는지 결단이 시급했다. 중년에 찾아든 위기는 큰 산이어서 넘기가 힘들어 보였고 여유가 없었다. 주춤거리는 사이 지인의 친구가 하던 음식점 자리는 궁 건너편이라는 위치가 맘에 들어 편의점을 열었다. 골목 상권이라 모두가 걱정하고 근심이었지만 환경의 변화가 부르는 새로운 기운을 얻기로 했다.

일할 기회가 또 우릴 견고하게 다져줄 수 있다고 믿었다. 돈 더 벌려고 욕심내는 것도 아닌데 주변에선 부자라고 모두 눈이 커졌다. 일이 배로 늘어나고 몸은 몇 배의 노동을 요구했고 새로 연 점포는 24시간 문을 열어 야간 알바가 꼭 필요했다.

일 할 친구들을 불러 모으는 게 제일 관건이었다. 다른 점주에게서 인력난의 고충을 충분히 들었던 터라 산 넘어 산처럼 걱정이 일상이 되었다. 그러나 내겐 지원군 또한 든든하게 포진되어 있었다.

중학 시절 내가 운영하던 학원에 다녔던 원휴가 군 제대하고 잠시 휴학하는 사이 도와준다며 성큼 달려왔다. 원휴어머니는 우리 애들 수학을 가르쳐 준 선생님의 인연이 있었기에 가족 같은 정이 남달랐다.

고마운 제자고 성실한 젊은이다. 통신비며 용돈도 부모님께 받지 않고 스스로 일해서 충당하는 씩씩한 청년이다. 잠깐 도와주었던 제자 재원이도 유진이도 원휴 친구인 승훈이와 윤성이 준수, 제희도 이 시대의 성실한 젊은이들이다.

밤샘할 아르바이트생을 고민하자 내 친구들이 아들들을 설득해 내 시름을 걷어내 주었다. 먼 곳에서 출퇴근이 번거로웠을 텐데 한걸음에 달려와 준 녀석들이 고마울 따름이다. 입대 앞둔 동수도 입대하기 전까지 최선을 다해 줘 감사할 뿐이다.

힘들고 어려울 때 함께 나누어주는 지인들의 신뢰에 절로 충만한 발걸음이 된다. 이 귀한 친구들의 도움으로 걱정과 의문투성이였던 이 길을 가능하게 해 주었다.

요즘 젊은이들이 오히려 일할 영역이 넓어져 똑소리 나게 자기 미래를 개척하고 오늘을 열심히 산다. 이들을 격려해주고 등 두드려주는 역할을 우리, 기성세대가 맡아야 한다.

어느 여름, 부재중 전화가 겹쳐 있어 부리나케 달려갔더니 재원이의 얼굴이 벌겋게 달아올라 있었다. 전화 여러 번 했는데 샘은 왜 이제야 오시냐며 볼멘소리를 해 자초지종을 물으니, 삼십 대로 보이는 아기 엄마가 아이들과 와서 아이스크림을 꽤 많이 사서 가더니 30분이 넘어 다시 와 안 먹은 게 있으니 환불해 달라고 하더라는 것이다.

다른 상품도 아니고 아이스크림은 시간이 지나면 환불이 안 된다고 하니 막 뭐라 그러면서 직원 교육을 제대로 안 했다고 주인 나와 보라고 큰소리를 치더란다. 그때 사람들이 북적거려 일제히 시선이 고정되는데도 아랑곳하지 않고 부끄러운지도 모르고 포장을 뜯지 않았는데 왜 환불이 안 되냐고 쏘아보더란다. 그렇게 억지를 부리면 좀 좋았을까.

아이스크림은 시간이 흐르면 녹는다는 건 아이도 아는 당연한 이치를 자기 처지에서만 우기며 알바라고 함부로 대하는 못난 어른이 얼마나 많은지 얼굴에 철판을 두른 거나 다름없이 막무가내로 행동한다.

돈을 던지는 건 다반사고 반말에 퉁명스러운 태도에 위압적이기까지 한 그들을 대면하는 수많은 편의점 알바들에게 대견하고 애쓴다고 손이라도 잡아 주고 싶은 심정이다.

얼마 전 인터넷에서 몰상식한 고객들로부터 직원을 지키기 위한 호소문을 붙인 편의점에 관한 기사를 접한 적이 있다.

우리도 안 팔 권리가 있음을 인지해주었으면 좋겠다. 무조건 서비스를 우선한다고 해서 비인간적인 대접까지 감수하며 웃음을 보여야 하는 건 절대 아니다.

당당하게 맞선 그 점주님은 아주 멋진 분이다. 사람과 사람의 만남에 나이로 누르고 권력으로 제압하는 행위는 성실하게 살려는 젊은이들에게 모멸감을 줄 뿐이다.

편의점 일을 처음 해 보는 유진에게 느리고 잘하지 못한다고 훈계하듯 큰소리치는 고객과 마주한 나는 아줌마의 능글능글한 회유책으로 맞서며 나 역시 어른인 그에게 선생님이 아이 가르치는 것처럼 말해 머쓱해 하는 그를 돌려보냈다.

눈가에 눈물이 맺혀있는 유진이를 보니 내 딸들도 알바하며 이렇게 힘들었겠구나 생각이 들어 더 짠하고 애처로웠다. 조금만 기다려주면 될 일을 마치 세상이 뒤집히기나 하는 것처럼 난리를 친다.

이상하게도 오십이 된 점주에게는 그리 막 하지 않는데 젊은이들에게 유난히 심하게 구는 경향이 있다. 성숙한 사회는 정녕 우리만의 몫인지 악악거리는 그들에게 묻고 싶다. 나도 미숙하고 서툰 그 시절을 보냈고 지금 내 아이들이 그 세월을 헤쳐 나가고 있고 지금의 우리가 익숙해진 만큼 그들도 단련된 모습으로 살아갈 날이 오는 자연스러운 흐름인 것이다.

예의가 없으면 잘 타이르고 모난 행동엔 따끔하게 혼내기도 하고 고맙다는 인사도 아끼지 말고 함께 자라는 세상에서 우리 모두 기본을 지키며 살아가야 한다.

편의점 식구 살뜰히 챙기는 점주.

내가 그 일에 앞장서고 싶다.

인연

인연 하나

학원 옆에 작은 가게가 하나 있었다.

오랜 세월 학원의 아이들과 나의 허기를 채워준 고마운 곳간이었다. 관광객들의 발길도 끊이지 않아 옛 정취를 물씬 풍기는 자그마한 가게가 이방인에게 어찌 비칠지 궁금하기도 했다.

건물의 새 단장 소식과 함께 아저씨와의 이별 소식이 들려왔다.

궁 담 길에는 물 한 모금 적시고 쉬어갈 쉼터가 필요하단 생각에 요즘 대세인 편의점 모퉁이에서 서성거렸다. 여러 회사에 문의하고 상담 받고 고심의 연속이었다. 갈팡질팡 마음을 정하지 못하고 하루에도 열두 번 더 결정에 의문을 가졌다.

결국, 선택의 중요한 열쇠는 담당자의 성실한 태도였다. 싫다는 데도 찰떡처럼 매달리는 집착도, 상대방 깎아내리기도, 지나친 자만심도 아닌 담백한 소리를 원한 거였는데 개발부의 담당자는 그렇게 소박해서 좋았다.

물론 회사와의 계약은 완전체의 만족감을 주진 않고 때로는 갑과 을의 공방으로 맞서지만 그래도 서로 일말의 진실로 마주한다면 이윤의 논리쯤은 이해의 폭으로 담아낼 수 있지 않을까.

계약을 맡은 개발부와는 서면의 약속을 이행함과 동시에 인연의 막을 내리고 교육부의 지원으로 도움을 받는다. 어설픈 점주를 도와줄 든든한 지원군의 활약으로 편의점 운영 전반에 걸쳐 두루두루 알게 되고 서비스에 대한 만반의 준비를 한다.

한 달 가까이 매일 만나다 보니 못 볼 거 없이 다 드러내 보이게 된다. 하루는 딸과 말다툼이 시작돼 실수를 부각하는 딸에게 화가 나 퍼부어대고 있을 때 들어선 대리님이 중재하고 위로해주며 쉬라고 등 떠밀어 휴식시간을 가지기도 했었다.

사람 사는 게 별것 있을 리 없으니 직원들과도 이런저런 일을 겪으며 서로의 입장을 나누며 익숙해져 간다. 초보의 길을 살며시 벗어나면 영업부와의 길고 긴 만남을 예고한다. 점주는 일 잘하고 성격 좋은 직원과의 만남을 기대하고 반대로 그들은 운영 잘하고 진상부리지 않는 점주를 원할 것이고 서로의 바람은 상반되는 것 같지만 똑같다. 누가 누구에게 더 원하지 않아도 서로의 뜻을 잘 헤아려주는 관계의 연속성이 제일 필요하다.

영업부의 일의 양은 실로 어마어마했다. 상품 소개, 발주 독려, 매출 분석, 행사 지원, 점포 관리, 점주와의 관계 순환과 함께 회사 내 끊임없는 상황 안에서의 역할 수행도 모두 그들의 몫이니 볼 때마다 감탄하지 않을 수가 없다.

나처럼 각종 행사의 이해가 부족한 점주는 휴일도 따지지 않고 밤낮을 가리는 예의조차 없이 물어대니 싫다는 내색도 못 하고 얼마나 힘들 것인가. 갑자기 물품이라도 떨어지면 다른 점포에서 점간 이동 해 달라고 떼쓰며 매달리니 안 된다고 거절도 못 하고 여기저기 연락해 알아봐 줘야 하니 이들의 스트레스 지수가 만만치 않을 것이다.

그래도 우리는 매출 상승이라는 공통의 목표를 가지고 있어 서로 토닥이며 머리 맞대고 의견 나누는 최고의 짝꿍이다. 일로 만나지만, 고충을 누구보다 더 잘 알기에 진정 마음으로 염려하고 격려하는 응원군이다.

내 지인들은 목소리 큰 진상 점주로 악명이 높을 거라고 하지만 설령 그렇다 해도 마음 한구석은 알아줄 거라 믿어 의심치 않는다.

인연 둘

편의점 일이 어느 것 하나 중요하지 않은 일이 없다.

그중에서도 물품이 차지하는 비율이 제일 높지 않을까 싶다. 가끔 많은 양의 물품이 도착하면 점포 하나하나의 발주량에 맞춰 빈틈없는 손놀림의 숨은 공로자들을 생각한다.

어느 배우가 시상식에서 배우는 다 차려진 밥상에 숟가락만 얹는 것에 불과하다는 소감을 피력해 화제를 불러 모은 적이 있었다. 이 밥상과 숟가락은 세상 곳곳 다양한 곳에서도 호흡을 맞춘다.

편의점도 예외는 아니다. 아무리 점주가 상품을 잘 발주해서 판매해 큰 성과를 올린다 해도 그것은 점주만의 역할이라고 할 수 없다. 여기저기 흩어져 있는 그 엄청난 상품 중에서 점포의 희망을 골라 잘 포장해주고 운반해 점포 안까지 선사하는 많은 분의 노고가 있기에 가능한 일이다.

설혹 발주하면서 배수를 잘 못 보거나 숫자를 잘못 입력한 것조차 모르고 있을 때면 물류 담당자가 친절히 전화로 확인해 줘 가슴을 쓸어내린 적이 한두 번이 아니다.

자연재해나 특별한 상황에서도 매일 같은 시각에 임무를 완수하는 그분들에게 박수를 보낸다. 혹여 물품의 양이 적어지면 함께 걱정해주고 많아지면 운반하기 힘든데도 잘 돼 좋다고 너털웃음 지어주는 기사님들이 항상 고마울 뿐이다.

하루도 쉬지 않는 우리 부부의 건강 또한 염려하는 그분들에게도 늘 좋은 일이 넘치기를 바라며 궁 위 파란 하늘 한 번 올려다본다.

인연 셋

오래 머물렀지만 먼저 다가가기엔 이유도 분명치 않았고 그럴 필요도 느끼지 못했던 관계였다. 이곳에 편의점으로 터를 수놓기 전에 주변 상점들과는 단순 구매자의 모습으로만 만나왔기에 길에서 마주치면 가볍게 목례하는 정도였다.

편의점 출발과 동시에 우리는 한 배를 타고 항해하는 친구가 되어 더없이 가까워졌다. 같은 지역의 고객 맞이어서 하루의 흐름이 비슷해 정신없이 바쁠 땐 힘들지만, 여유가 묻어 나오고 한가로워 서성일 때는 걱정 어린 시선이 된다는 것을 공감하는 사이가 되었다.

우린 서로의 고객이 되어 그 관점에서 조언하고 격려해 상부상조하여 어느 하나만 잘 된다고 좋아하고 시기하는 게 무의미한 것을 알게 되기까지 그리 오랜 시간이 걸리지 않았다.

궁 담을 따라 고객과 만나며 함께 미소 지어 지역 경제도 물 만난 물고기가 될 수 있기를 고대하며 같은 시각으로 살아가는 우리다. 계절이 변하고 시간의 더께가 쌓이고 정의 높이도 수직으로 상승해 허물없는 이웃이 되어 서로의 아픔도 어루만지고 기쁨도 함께 나눈다.

반찬도 챙겨주고 간식도 나누고 별난 고객과의 만남에 공감 어린 시선을 보내는 좋은 이웃이 있어 많은 시간 일하는 고됨을 위로받는다. 나도 내 이웃에게 힘이 되어주는 친구가 되어 그들에게 좋은 에너지를 전하고 싶다. 이웃인 내가 있어 즐거운 만남이라고 느껴지기를 희망하며 언제나 내가 먼저 다가가 손 내밀 수 있기를 바라는 마음 간절하다.

인연 넷

고궁 앞이라 관광객들을 고객으로 만날 거로 생각했었는데 의외로 주변 주택가나 회사에서 오는 많은 분을 만난다. 일주일 중에 월, 화, 수, 목, 금 이렇게 오일 동안 얼굴 마주해 시간이 흐를수록 저절로 미소가 지어진다.

오래전부터 알아 온 사이처럼 반갑고 편안해진다. 수다가 이어지기도 하고 신상품의 정보도 공유하기도 한다. 소원해진 느낌이면 무슨 일이 있는 건 아닌지 걱정이 앞서기도 한다. 파견 근무를 나갔다가 잠시 들렀다고 말하는 이의 뒷모습에선 정겨움이 머문다. 반대로 파견 근무를 나와 한동안 만나면 헤어짐의 순간이 찾아와 아쉬운 마음으로 작별 인사를 하게 된다.

그 친구가 딸 셋의 맏딸이라 더 가깝게 느껴졌는지도 모른다. 늘 야근한다며 저녁 식사 대신 간단히 먹으러 자주 와서 내 딸처럼 짠한 마음이 들어 계산대에 진열된 작은 상품을 얼른 주기도 했다.

몇 달이 흐르고 다시 회사로 간다며 비타C 정을 계산한 후 내게 그동안 감사했다며 선물로 주고 떠났다. 천 원의 행복에 울컥했다. 사람의 정을 또 가슴에 담는다.

그래서 살아가노라고 사랑의 노래를 부른다.

무지개 향기

인덕 있는 사람은 외롭지 않다고 했다.

기쁜 일이 있을 때나 슬픔에 잠겨 있어도 주위 따뜻한 마음에 위안을 받고 힘을 얻는다. 혹자는 진정한 친구는 기쁜 일이 있을 때 자기 일처럼 기뻐해 주는 이라 했다. 우리 속담에 사촌이 땅을 사면 배가 아프다고 하듯 부러운 마음이 크면 순수의 축하 인사에 시샘의 마음도 살짝 끼어들게 마련이다.

편의점을 한다고 주변에 얘기하니 다들 어찌나 놀라는지 오히려 내가 무안할 지경이었다. 동네에선 오랜 시간 논술 교사로 자리매김해 왔기에 급변화에 그 반응은 당연한지도 모르는 거였다.

중년에 시작하니 가보지 않은 길에 대한 두려움은 없냐고 물었다. 전혀 없다고 하면 거짓말이 되겠지만 난 부담보다는 약간의 설렘이 있는 이 길이 재밌게 느껴졌다.

한 분야의 깊이를 들여다보기에는 내 분산된 열정이 너무 컸기 때문인지도 모른다. 사실 이 나이에 새로 시작하는 일에 대해 계획적인 접근이 필요한데 도전만을 생각하니 지인들의 걱정이 이만저만이 아니었다.

하지만 그런데도 그들은 날 믿는다고 어깨 두드려 주었다. 너라면 할 수 있다고 곳곳에서 용기를 선물했다. 그리고 진정으로 잘 되기를 함께 기도해 준다는 걸 이심전심으로 전해 받았다. 지인들의 한결같은 신뢰가 내게 당당한 오늘을 책임지게 한다는 것을 살면서 사무치게 절감한다.

친구들은 먼 곳에서도 마다치 않고 달려와 주었다. 산행 마치고 가는 길에 얼굴 보러 왔다며 불쑥 나타나고, 시내 나온 길에 생각나 들렀다며 미소 남기고 가며 싱그러운 관심을 선사한다.

편의점 시작하고 나서 매출 상승의 주된 요인도 지인들 덕분이었다. 보통 문을 연 첫날의 매출은 지인들 덕분이므로 다음날부터는 생각지 말아야 하는 게 정석으로 통하지만, 우리 점포는 지인들의 발길이 끊이지 않았다.

주부들은 편의점에서 물건 살 일이 많지 않은데 조그만 점포에 있을 것은 다 있다고 신기해하며 무거운 보따리를 들고 가는 모습을 배웅하며 하염없이 바라보았다. 나는 무엇으로 이 고마움을 갚을지 뭉클한 가슴을 쓸어안았다.

받은 만큼 세상을 향해 돌려주어야 한다고 스스로 다지며 산다. 부모에게서, 가족으로부터 받는 애정과 살아오며 인연 맺은 많은 사람에게서 전해진 이 사랑의 힘을 다시 돌려주는 삶의 여정이어야 한다고 되새긴다.

천성이 무한한 어진 성품이면 다짐하지 않아도 당연한 마음일 텐데 시도 때도 없이 심술이 튀어나와 또 한숨을 쉬며 반성하고 애를 태운다. 베풀어주자 마음먹다가도 왜 나만 이래야 하는 건지, 손해만 보는 건 아닌지 동동거리니 참 속절없이 좁아진 속내에 허덕인다.

편의점에 찾아주는 고객들에게도 친절을 기본으로 하며 사소한 일에도 웃음 잃지 않고 내가 더 주는 마음을 갖자고 수없이 되뇌지만, 상대방의 과한 요구를 잘 받아내지 못하고 얼굴색이 변하고 만다. 할 수 있는 일은 거절하지 않아도 되는데 꼭 싫은 내색을 해 버리고 나서 후회한다.

사실 작은 일들이 겹치면 내겐 부담이 되는 것이지만 상대방으로선 처음 하는 부탁이 되니 내 마음만 어떻게 가지냐에 따라 유쾌한 상황이 될 수 있다. 모든 게 내 마음을 주무르는 나 자신에게 달려 있다. 아량이 넓은 점주로 거듭나기를 원하지만, 언제가 될지 갈 길이 멀다.

내 지인들의 희망대로 편의점 업계의 대표적인 성실하고 친절한 점주의 길은 멀고 험난하지만 그들의 박수를 한 몸에 받고 있으니 힘낼 충분한 가치가 있다. 사람을 중히 여기는 곳이었으면 좋겠다.

이 편의점에서 사람의 향기 나는 작은 사랑이 피어나는 곳이기를 꿈꾼다.

둘. 다정한 손

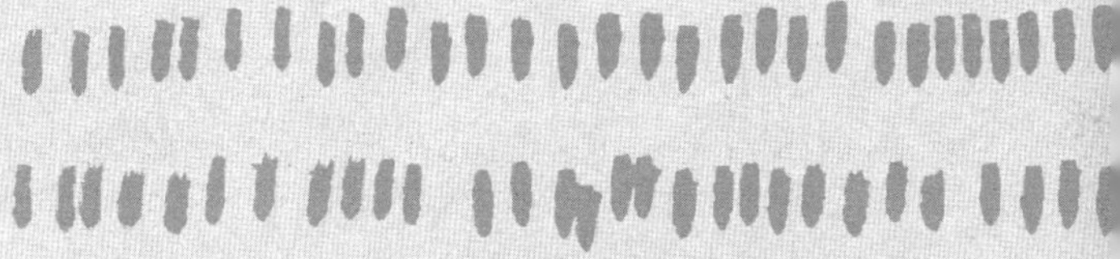

일석이조의 요구르트

하나 더하기 하나

재고의 구멍

와플이 꿈꾼 로맨스

번데기의 위안

다정한 손

웃음의 보약을 파는 편의점

이기적인 발주

이심전심

이방의 고운 마음

일석이조의 요구르트

무엇이든지 양이 많은 게 최고다.

지금까지 양에만 집착한 후유증은 비만을 불렀지만 우아한 식사와 푸짐한 한 끼의 선택에선 일말의 흔들림 없이 후자의 승리다. 이런 생각을 하는 사람들이 뜻밖에 많다는 걸 편의점에서 알게 되었다. 물론 대부분 남자 고객이라는 것이 조금은 슬프긴 하지만 말이다.

처음에는 크기가 다양한 상품이 신기하기도 하고 양의 차이에 따라 키 차이가 나서 과연 선택할 수 있을까 의아했다. 젊은 층에서만 구매할 거라고 섣부른 판단도 했는데 뚜껑을 열어 보니 예상은 보기 좋게 빗나갔다. 많은 중년 남성들이 제법 많은 용량의 요구르트를 선택한다.

편의점 근처 회사에선 오전 10시, 오후 3시에 간식 시간을 갖는다.

우리 편의점은 뒤편에 있고 워낙 작은 점포라 한꺼번에 많은 고객이 찾기도 곤란해 늘 미안한 마음이 된다. 쾌적한 매장이면 더 다양한 상품과 넉넉한 공간으로 편안한 고르기가 될 텐데 짧게 한 줄로 이어진 매장은 욕심을 부르기에 한계가 있다.

작은 점포여서 자주 방문하는 고객과는 친분이 생긴다.

어느 날부터인가 매일 들르는 두 분이 있었다.

오래전 서수남, 하청일 짝꿍처럼 껵다리와 좀 작은 키의 동료였다. 키 큰 고객은 성큼 큰 요구르트를 집어 들고 계산대 위에 턱 놓으며 남자라면 이런 걸 먹어야 한다며 친구에게 빨리 고르라고 재촉했다.

다음날엔 정작 본인이 망설여 동료의 핀잔을 들어야 했다. 고심하지 말고 먹던 거 먹으라면서 빅요구르트를 권했다. 티격태격 심사숙고한 결과는 언제나 같았다. 두 분만 보면 즐거운 분위기가 돼 그 시각을 기다리게 되었다.

발주가 안 되었거나 그전에 대량 판매로 빅요구르트가 없는 날이면 풀 죽은 아이 모습이 돼 미안하기 그지없었다. 270ml, 450ml의 양이니 뱃구레 작은 사람은 엄두도 못 내지만 키 크고 우람한 그분에게는 안성맞춤이었다.

예전 앙증맞은 요구르트가 등장했을 때 겉 비닐 뜯지도 않은 채, 빨대 다섯 개 한꺼번에 꽂고 먹던 추억이 있는 우리에겐 이 무지막지하게 큰 요구르트 앞에서 입을 다물지 못한다. 하기야 그렇게 따지면 그 양이 그거겠지만 일단 보이는 건 확실히 차이가 난다.

사람들의 공통적인 반응 또한 화장실에 관한 한 걱정할 게 없을 거라고 의견을 모은다. 해우소의 사명을 가지고 등장한 빅요구르트는 누가 먼저 이런 생각을 했을지 궁금하기도 할 만큼 재미있다.

아마 분명 그 사람도 요구르트 다섯 개를 한번에 먹으며 뭔가 부족하다고 읊조렸을 것이다. 나도 똑같이 그리했는데 적다고만 생각했을 뿐 큰 용기에 담아낼 발견을 못했다.

보편적인 관념을 뛰어넘는 획기적인 생각의 자유. 그 결과물이 상품으로 출시되고 우리가 판매하고 소비자의 관심을 받아 선택되는 이 과정이 그 얼마나 역동적인가.

단순히 구매하는 습관적인 자세에서 벗어나 우리도 새 상품의 변화를 함께 엮어 보면 어떨까. 언젠가 자체 상품의 용기 디자인을 공모한 적이 있었다. 회사 내에서 해결하는 것보다 훨씬 참신하다고 반겼었는데 이러한 노력이 계속되면 좋을 거라 생각된다.

우리의 이런 작은 작업이 모여 좀 더 변화하는 사회의 모습으로 옮겨졌으면 하는 바람이다. 큰 용기처럼 커다란 사고와 넉넉한 마음이 다정히 손잡기를 기대한다.

하나 더하기 하나

현대인들의 구매 욕구는 하나 더하기 하나 행사 확대로 급격히 높아졌다. 예전 어머니 따라 시장에 가면 뭘 사도 조금씩 더 얹어주어 돈으로 따질 수 없는 정이 넘쳐 흘렀다. 우리네 정서는 조금 손해 봐도 장바구니 가득 담아줘야 주는 이도 받는 이도 행복해한다.

아낌없이 주는 게 미래를 봐도 이득이 된다는 논리는 이론상 도저히 이해할 수 없는 우리만의 상도덕이다. 저울에 달아 꼭 맞는 양을 팔고 사는 정확함에 따라 거래가 성립되는 외국에선 우리의 모습에 고개를 갸우뚱할 일이다.

궁에는 발길이 뜸한 겨울을 제외하고는 봄, 여름, 가을 관광객의 방문이 잦아진다. 편의점은 죽은 땅에서도 라일락은 자란다는 4월부터 시작해 일이 착착 감기기도 전에 현장 학습 온 학생들, 나들이 온 관광객으로 정신을 차릴 수가 없었다.

딸과 함께하지 않았다면 매일 실수로 제대로 운영을 할 수 없었을 것이다. 더욱이 살아오면서 외국 사람과 이렇게 가까이 대하는 일이 없었기에 그 긴장감은 생각보다 몇 배 더 커 바쁜 상황을 가중했다.

거기다 중국 사람들의 행태는 가히 충격적이었다. 궁에만 들렀다 가서 한꺼번에 들어오는 일은 거의 없지만, 주차가 밀려 관광버스가 편의점 앞에 서게 되면 마치 백화점 할인 행사에 몰리는 인파처럼 우르르 들어온다. 고르고 계산해도 숫자만으로 벅찬 상황인데 끊임없이 큰소리로 말하며 순서조차 지키지 않는 무질서를 보여 혼이 빠질 지경이 된다.

거기다 거의 오만 원 지폐를 내기 때문에 잔돈 전쟁이 시작된다. 그 와중에 하나 더하기 하나를 짧게 중국어로 익힌 터라 열심히 반복하지만 잘 이해하는 중국인이 드물어 진땀을 뺀다. 결국, 소통 불가에 행사 품목은 외톨이가 되어 따라나서지 못하고 만다. 길라잡이가 어서 나오라고 외치면 사려고 들고 있던 상품들은 아무 데나 집어 던지고 가 버려 친절하게 배웅하려던 서비스 정신이 길을 잃고 헤맨다.

그러던 중국인들이 일 년 사이 성숙해져 돌아왔다. 무엇보다 하나 더하기 하나, 둘 더하기 하나 행사를 잘 인지해서인지 먼저 상품 앞에 부착된 카드를 보고 선택한다. 이젠 행사 상품에만 관심을 보여 우리네보다 알뜰하게 장보기를 마치고 꼼꼼한 발걸음을 내딛는다.

다수의 단체 관광보다는 삼삼오오 친구나 가족 여행객들이 많아져 더 신중한 고르기를 하는지도 모르겠다. 원하는 상품이 행사품목에서 제외되면 어찌나 실망하는지 마음 같아서는 하나 더 보태어 주고 싶은 심정이 되기도 한다.

내 집에 손님이 오면 꼭 밥을 먹여 보내는 정이 우리에게 짙게 배어있다. 자주 오는 고객에게 뭐 하나라도 주고 싶은 마음도 그런 옛정서와 통하는 건지 내 제자들과 단골에게 가끔 살짝 집어주게 된다. 남편은 주는 건 좋은데 어떤 품목인지 잘 확인해 두어야 재고 조사 때 착오가 없다고 누누이 강조하지만, 망아지 같은 내겐 쇠귀에 경 읽기다.

아무래도 체계적인 운영엔 처음부터 무리였던 거지 싶다. 철없이 아직도 가게 놀이나 되는 줄 아는 모양새다. 하나 더하기 하나에 제일 신나있는 건 고객도 아닌 바로 나 자신이기 때문이다.

편의점에서도 행사 상품을 잘 이용하면 살림꾼 장보기가 된다.

행사라고 흥분되어 장바구니에 여러 개만 담지 않는다면 훌륭한 고객의 길로 접어든다. 둘이서는 하나 더하기 하나, 셋이 오면 둘 더하기 하나를 이용해 우정을 나눌 수 있다. 혹 어떤 분들은 행사라고 계속 강조하면 개성이 강해서 각자 원하는 걸 구매할 거라고 해 서로 웃음 짓게 한다.

또 어떤 고객은 작은 가게에 행사 상품이 많다고 좋아한다. 달마다 행사가 바뀌면 물품도 바꿔 진열해야 하는 고충을 이렇게 보상받으면 참 뿌듯한 게 힘이 절로 난다. 무조건 상술로만 만나는 행사가 아닌 우리의 마음도 함께 깃들인 판매라고 늘 생각하기에 구매하는 고객에게 자신 있게 권할 수 있다.

점포가 작아 더 많이 진열할 수 없어 다양한 행사 상품을 소개하지 못해 속상하지만 내 판단과 고객의 주문이 합해져 실속 있고 질 좋고 맛난 상품들을 구매하기 위해 오늘도 발주 창에 시선이 꽂힌다.

재고의 구멍

사 개월에 한 번씩 본사 재고 팀에서 나와 물품 재고를 조사한다.

발주와 들어 온 물품의 양이 잘 맞는지, 그 사이 누가 가져가거나 점주가 임의대로 사용한 것에 대한 꼼꼼한 셈의 작업이 이루어진다. 열 평도 안 되는 우리 점포에서 이루어지는 조사에는 대략 세 시간에서 네 시간 정도가 소요된다.

보관된 물품 수에 따라 만만치 않은 작업이다. 세 명의 직원이 각자 분류별 재고 조사가 이어지고 셈하면서 자동으로 정리 작업도 완수된다. 영업하면서 계산대 뒤에 있는 담배나 아래에 있는 비닐, 진열하고 남은 물품까지 다 셈해야 하므로 재고 조사팀이나 우리나 서로 불편을 감수해야 한다.

너나없이 조금은 꺼려질 이 작업이 내겐 환영할 일이라면 모순이라고 하겠지만 난 싫지 않은 이유가 있다. 살림하며 가장 취약한 부분이 정리정돈인데 편의점에서는 정리정돈이 무엇보다 중요하니 부담이 엄청나다.

공간지각 능력이 많이 떨어지는 편이라 효율적인 활용이 힘들어 애를 먹는 마당에 점포의 방대한 물품 정리는 늘 내게 어려운 숙제다. 이런 내 묵은 앙금을 탁 해결해 주는 해결사가 방문한다는데 불만을 가질 이유가 없다. 빈틈없는 직업의 특성상 하나하나 셈하며 공간에 알맞게 잘 정돈해 준다.

냉동고는 생각보다 많은 양을 담고 있어 아이스크림을 가지런히 놓는 것이 까다롭게 마련인데 조사팀의 손길을 거치면 언제 그랬냐는 듯 들쑥날쑥하던 모양새가 새치름한 새색시가 된다. 낱개로 판매하는 작은 초콜릿도 저절로 삐뚤빼뚤해지는데 이상하게도 그들의 손을 거치면 질서 정연한 모습으로 변한다.

손으로 하는 모든 일에 남다른 재주 있는 사람들이 제일 부럽다. 살짝만 신경 써도 마음마저 숙연하게 만드는 그 바름이 참 좋다. 조사팀은 빠른 손길로 구석구석 포개어 놓은 물품들을 하나도 빠짐없이 찾아내 수를 비교한다. 발주 창과 놓여 있는 수가 맞아야 하는데 그게 쉬운 일은 절대 아니다. 재고 하나하나가 돈이라는 것도 쉽게 넘길 수 없는 사실이다.

몇 시간에 걸친 노고로 재고 조사는 끝이 나고 조사 결과를 인쇄해 주며 확인하는 시간이 된다. 이제 쥐구멍이라도 있으면 들어가야 할 순간이다. 다른 점포의 재고가 맞지 않는 경우는 나쁜 손의 결과가 많다고 한다.

넓은 점포에 한꺼번에 들어온 고객을 하나하나 지켜본다는 건 쉬운 일이 아닐 것이다. 일직선으로 보행하는 우리 점포에선 못난 마음을 먹어주지 않는 편이다. 그런데도 재고 조사에선 어김없이 현 재고와 그 날 그 날 품목별 판매 현황이 뜨는 발주 창의 숫자가 맞지 않아 조사팀의 궁금증을 자아낸다. 조사팀이 하나하나 품목을 지명할 때마다 작아진 소리로 주범은 나라고 손을 든다.

이 층에 모임이 있을 때 하나씩 들고 간 것을 잘 정리했다고 생각했는데 중년의 기억력을 믿은 게 화근이었다. 남편은 뭐라고 하려다 그만두는 건 본인도 할 말이 없어서이다. 남편은 맥주, 아내는 군것질 종류, 부창부수가 따로 없다.

이래서는 앞으로 벌고 뒤로 밑지는 운영이 될 게 뻔한데 정작 점주인 우리 둘은 그렇게까지 예민해 하지 않으니 재고 조사팀원들이 더 어쩔 줄 몰라 한다. 부부가 흥이 많고 사람을 좋아하는 영향이다.

마땅히 야무지게 잘 운영해야 하는 건 맞지만, 그것 때문에 힘들어지는 것 또한 원하지 않기에 최대한 오늘을 즐거이 받아들이려 한다. 돈을 버는 것은 중요하고 가정의 경제력도 간과할 수는 없지만, 사람들과의 관계도 소원해질 만큼 돈을 쫓고 싶지는 않다.

열심히 일하고 가능한 한 멋지게 살고 싶은 소망이다.

와플이 꿈꾼 로맨스

편의점에 있다 보면 매일 같은 시각, 일정한 품목을 고르는 고객을 만나게 된다. 본인의 취향이고 좋아하는 것에 대한 확실한 표현이라 느껴진다. 매일 발주하면서 즐겨 찾는 그 상품의 양이 넉넉한지 살피는 내 나름의 정성으로 한결같이 방문하는 고객에게 감사를 전한다. 어쩌다 놓치기라도 하면 실망의 표정을 느껴야 해 미안하기 그지없다.

금발의 중년 신사도 매일 아침 출근길에 들러 와플을 골랐다. 버터 향을 좋아하는지 와플이 없을 때면 버터 맛 나는 파운드를 선택했다. 와플을 계산대 위에 살며시 내려놓으면 준비해 온 동전을 내 손에 건네고 숙제 검사받는 학생처럼 기다린다.

언젠가 동전을 전해 받았을 때 모자랐던 기억이 본인에게는 꽤 충격이었는지 그다음부턴 자신이 건넨 동전의 수가 정확한지 긴장하는 빛이 역력했다. 맞는다고 고개를 끄덕이면 수줍은 듯 미소를 보이며 돌아선다. 배우 제레미 아이언스를 닮은 외모에 세련된 옷차림까지 배우라 해도 과한 말이 아닐 만큼 멋져서 매일 아침 눈이 호사했다.

여중 시절 레이프 가렛이 좋아 사진을 사 모으고 내한했을 때 공연 보러 가기 위해 엄마의 눈을 피하느라 007작전도 불사했던 열정이 다시 불타 올라 아침마다 가슴 설레 기다렸다.

남편도 이런 날 놀리느라 저만치 보이면 오니까 웃는 얼굴 하라고 농을 던지기도 했다. 영어 잘하면 이런저런 대화도 나눠보련만 입도 뻥긋 못하니 안타깝기만 했다. 회사뿐 아니라 사는 곳도 근처인지 한 번은 날씨 좋아 편의점 앞에 나가 서 있는데 꼭 닮은 청년과 지나가기에 아들이냐고 물은 게 우리가 나눈 대화의 전부였다.

아침마다 환한 미소로 고맙다고 좀 더 크게 말하는 게 유일한 내 인사였다. 어느 날 아침 여느 때처럼 와플을 올려놓고 갑자기 뒤집어 생산지가 벨기에라는 것을 확인시켜 줘 고개를 끄덕이며 의아하게 바라보니 내일 벨기에로 간다고 말해 아쉬운 작별을 해야 했다.

잠시 여행인지 한국을 완전히 떠나는지 확인할 수도 없고 그날 이후 난 나대로 2호점인 궁 건너편으로 아침마다 나서니 해후할 기회를 영영 잃었다. 와플이 이어준 잠깐의 설렘은 맘속에 또 하나의 사진첩을 만들었다.

지인들은 박장대소하며 주책없는 중년 아줌마를 보고 신기하다고 했지만 보는 행복이 있어 좋기만 했으니 아무래도 괜찮다. 오십에도 아침에 눈 뜨면 배고프고 좋아하는 것도 많은 내가 부럽다고 누군가는 말했는데 감정의 기복 심한 내가 늘 즐거울 리 만무하지만 스스로 주문을 외우는 것처럼 노력한다.

찌푸리고 있다고 해결될 일은 아무것도 없으니 에너지를 만들어 활기차게 사는 게 삶을 선물 받은 내 의무라 생각하기에 열심히 살아가려 한다. 신날 요소가 많은 편의점 일도 중년에 시작했으니 생활의 변화를 긍정적으로 받아들여야 한다고 맘의 문을 두드린다.

하루에 열네 시간의 일하는 일터가 있고 사람들과의 덕담으로 시간을 채우고 경제적인 이득도 생기는 내 여정이 또한 즐겁지 아니한가.

위를 쳐다보며 가지지 못한 것에 대한 욕심 따위는 부리지 않기로 했다. 내가 살아가는 이 자리가 내겐 딱 맞는 것임을 깨우치며 살아가기로 했다. 그래야 바쁘다고 외면하는 감사의 맘을 살며시 붙잡을 수 있으니 말이다.

사춘기 소녀로 잠시 여행 다녀온 설렘도 중년의 로맨스가 되어 마음의 즐거움을 주었으니 감사할 일이다.

번데기의 위안

계절에 민감한 어르신들은 겨우내 동면에 들어간 듯 모습을 뵐 수가 없었다. 따뜻한 계절이 오면 옆 공원에 모여 게이트볼 경기를 하거나 삼삼오오 정답게 모여 간단한 안주에 한잔하시며 어울렸었다.

편의점으로 심부름 오시는 어르신은 우리가 볼 때는 연세 지긋한 초로의 노인이지만 그중에선 막내라 안주가 떨어지면 안주를, 술이 바닥을 보이면 소주를 사 가지고 바삐 가셨다. 안주를 심사숙고 고르느라 시간이 지체되면 그만큼 지청구를 듣고 오셔서 하소연을 늘어놓으셨다. 마음에 안 드는 안주를 사 왔다고 바꾸러 온 적도 다반사였는데 힘드신지 최종 고정 안주로 정한 것이 번데기였다.

어렸을 적 손수레에 김치 담글 때 쓰는 큰 양푼에 한가득 번데기를 담아 모락모락 고소한 향기로 번데기 아저씨는 온 동네에 등장을 알렸었다. 동그란 판에 여러 개의 칸을 만들어 아저씨가 휙 돌리면 그 긴박한 순간 잘 맞추기 위해 신중하게 던져 번데기의 양을 결정하게 된다. 가격별 다양한 크기의 고깔 모양의 봉투에 담아주면 호호 불며 맛나게 먹던 기억이 잔잔하다.

지금은 통조림으로 나와 예전의 뜨끈한 손과 입맛을 떠올릴 수 없지만 종이컵에 옮겨 담아 전자레인지에 데워 먹는 것으로 아쉬움을 대신한다. 어르신들도 이 추억의 입맛으로 술 한 잔에 타임머신 탈 용기가 생기는 건 아닐까.

노인정에서 온종일 있기 답답하다고 공원에 사람들도 만날 겸 나간다고 하셨다. 젊어서 과일 장사하며 돈 부지런히 모았다고 하셨다.

이제 자식한테 집도 사 주고 쓸 만큼 있으니 어울려 놀다 가실 거라고 매일 아침 소주 사 가시는 어르신의 말씀이다.

공원에서 어르신들 모여 담소 나누는 것을 보고 소주 한 잔

대접한다며 사 가는 사람들도 있고, 왜 사람들 많이 다니는 곳에서 술 마시냐며 불편한 속내를 드러내는 사람들도 다녀갔다. 정작 어르신들은 사람들의 엇갈린 반응에도 개의치 않고 당신들만의 문화를 만들어갔다.

현대의 최종 과제는 노인 인구의 증가로 인해 다양한 모습의 문화를 형성하는 것이다. 오로지 자식만을 위한 부모의 역할만 강조해 살다 보니 본인의 노후 계획은 거의 없어 혼란스러울 수밖에 없는 것이 오늘 우리 부모의 현실이다.

그 자식 세대인 우리도 그저 살아가는 게 버거워 여유를 만끽할 틈이 없어 부모님의 고달픈 여정을 어루만지고 힘이 되어 주기엔 역부족일 때가 많다. 마음으로는 안쓰럽고 효도의 중심에 서고 싶지만, 번번이 현실의 무게에서 휘청거리고, 부모님들도 이만큼 살아온 세월을 보상받고 싶지만, 자식들 삶 앞에서 묵묵히 체념하신다.

그러니 그저 함께 얘기 나눌 친구들이 제일이어서 조금이라도 더 시간을 보내기 위해 술자리를 마련하는 것 같아 아침마다 술병을 봉투에 담아 문 앞 계단에 걸터앉은 어르신에게 갖다 드리며 맘이 짠해짐을 어쩔 수 없다.

어르신은 젊을 때 잘 시작했다며 흥청망청 쓰지 말고 열심히 벌어 노후에 넉넉하게 살라고 조언하시며 격려해 주신다.

급한 일이 있던 동료를 대신해 어르신들의 동화구연 수업에 참여한 적이 있었다. 어린이, 성인, 다문화 가정 등 여러 수업에 함께 했지만, 어르신들의 열정 가득한 수업 분위기를 따라갈 수가 없었다.

어떤 분은 지역 신문 기자로 활동하시며 역사 강의에도 관심을 보여 하루하루가 어찌 시간이 가는지 모른다고 하셨다. 하나라도 더 배워 손주들과 어린이집 어린이들에게 동화를 들려주고 싶어 하셨다.

문득 여유로운 노후이기를 바라는 마음 간절했다. 돈으로든 마음으로든 건강으로든 적당히 누릴 수 있기를 빌고 싶었다. 이렇게 하루에 많은 시간의 노동으로 보상받는 노년의 시간이라면 더한 것도 할 수 있을 것 같다는 생각을 했다. 반백의 오늘에서 백 세 인생의 반이라면 또 살아온 만큼의 시간을 맞이해야 한다는 걸 의미한다.

어떤 준비로 맞이할 것인가.

서른아홉이 되었을 때 불혹의 나이가 겁이 났었다. 중년의 시작을 어떻게 하는 게 현명한지 곰곰이 생각하다 다가올 십 년을 위해 거창하진 않아도 작은 목표는 세우자고 다짐했었다.

조금 이기적으로 살아도 되겠다고 결심하며 내가 하고 싶은 일을 위해 살자고 고집스러운 마음을 먹었다. 아홉의 수가 걸쳐질 때마다 만날 십 년을 위해 고심하는 시간이 내겐 소중한 순간으로 다가왔다.

바삐 살아왔고 지금도 진행형이다. 나름대로 생각한 것을 잘해 왔으니 절반의 성공이다. 앞으로의 시간은 편의점에서 열심히 일해 경제적으로 여유가 생기면 그만큼의 나이로 성숙해져 재능 기부를 이어 가고 싶다.

미래의 삶이 어찌 펼쳐질지 현재로써는 알 수가 없지만 살아온 삶의 과정에서 얻은 보석을 세상과의 소통으로 나누는 선물을 받을 수 있다면 바랄 게 없다.

다정한 손

단골 아저씨의 오토바이가 편의점 문 앞에 선다.

아저씨의 담배를 얼른 꺼내 손에 들고 있다.

아저씨는 꼭 같은 말을 한다.

"있으면 주고 없으면 말고."

"없으면 안 되죠."

주거니 받거니 한다.

호주머니에서 현금을 꺼내시며 한마디 덧붙인다.

"맞는가 모르겄네."

돈을 받으며 목장갑의 한 손가락이 짧은 것을 보게 된다. 아저씨의 고단한 삶을 느끼는 순간이다. 내미는 아저씨도 받는 나도 아저씨의 짧아진 손가락에 대해 말하지 않는다. 성실하게 산 아저씨의 인생이 그 안에 녹아 있기 때문이다.

궁에는 사시사철 관리하는 데 필요한 일로 많은 근로자가 다녀간다. 더울 때는 시원한 음료로, 추울 때는 따뜻한 음료로 하루를 시작한다. 계산하며 그들의 갈라지고 패인 손을 본다. 누구보다도 성실하게 열심히 일했다는 외침이 그들의 손에 담겨 있었다. 노동의 값진 결과이니만큼 그들의 자긍심도 커질 수 있는 근로 환경이면 좋겠다.

이른 아침부터 문화재 관리에 힘쓰는 분들이 계시니 우리의 전통은 명맥을 유지할 수 있다. 곳곳에 그들의 손길이 닿아 있어 이방인들에게 우리의 결을 느끼게 하는 데 부족함이 없다. 궁 담 길에 서서 그 숨결을 함께 하는 우리도 그들을 응원한다.

남편과 내 손도 늘 상처투성이다. 물건을 상자 해체하고 정리하고 진열하고 손으로 하는 일의 흔적이다. 이보다 더 정직할 순 없단 생각을 한다. 얼굴의 주름이나 상처는 짙은 화장이나 약으로 덮을 수 있다 해도 손에 묻힌 세월의 사연은 좀체 화장

품으로 지울 수가 없다. 갈라진 틈은 보습제를 바를 때만 반짝 괜찮을 뿐 원래의 모습으로 되돌아오는 데 그리 오랜 시간이 걸리지 않는다.

지난 명절에 맘먹고 두 점포에 알바 친구들을 시간별로 근무하게 하고 삼 일을 일 안 하고 쉬었더니 거칠어진 손의 표피가 몰라보게 부드러워지고 생기 있어졌지만, 다시 일터로 복귀하자 거짓말인 듯 심술을 시작했다. 손 아끼자고 일 안 할 수도 없고 알바 친구들 종일 부를 만큼의 상황도 아니기에 몫을 해내야 한다.

서글프게 바라볼 때도 있지만 값진 노동의 결과이니 스스로 대견하기도 하다.

우리의 손으로 얼마나 많은 일을 할 수 있는지 가만 들여다보니 참 거대하기만 하다. 창조는 뇌에서 시작되지만, 손의 활약이 없다면 의미가 없듯 손의 위력은 대단하다.

이 위대한 손으로 악을 행해서는 안 되는데 사회면의 기사는 고개 떨구게 한다.

외계인 손 증후군이라는 신경 질환도 자신의 손이 끔찍한 일을 저질러도 의식하지 못한다 하니 선과 악의 공존이 손에 들어 있는 것 같아 새삼 진지하게 들여다보게 한다. 반면 우리 건강의 시작도 손의 청결에서 오는 것인 만큼 사람의 손은 곱씹을수록 귀중하기만 하다. 진정 부끄럽지 않은 손으로 세상을 엮어나가야 할 텐데 걱정이 앞선다.

편의점 앞은 온통 쓰레기 천지다. 편의점이 바쁜 계절에는 많은 사람이 손에 들고 가던 것을 아무렇지 않게 쓱 버리고 간다.

담배를 사고 겉 비닐과 속지는 쓰레기통에 버리고 문을 나서면 될 것을 문 앞에 휙 던지고, 빨대 껍질도 바닥에 버리면서도 의식하지 못하고, 음료를 마시고 편의점 옆이나 문 앞에 버리고 무심하게 가던 길 재촉한다.

작은 손길 하나면 주변도 깨끗하고 누군가의 손길이 필요치 않은데 단순한 그 일이 모두에게 너무 당연히 내 맘대로 식의 행동이 되어버렸다. 밤이면 쓰레기가 산을 이룬다. 지친 일손이 쓰레기 정리로 힘을 소진한다.

내 손이 할 수 있는 최고의 역할로 살아가기 위해 순간마다 확인하며 정신 바짝 차리고 살아야 하리라.

작은 모퉁이 어디에서도 값지게 살아갈 수 있는 여정이어야 하리라.

나누며 보듬을 수 있는 다정한 손길로 온기를 전하며 살아야 하리라.

웃음의 보약을 파는 편의점

노신사 두 분이 우유를 고르셨다.

한 분이 '파주에는 서울우유가 없디아.' 하고 말씀하셨다.

또 한 분이 '왜?'라고 묻자,

'파주니께.' 대답하신다.

재치 있는 농담으로 서로 보며 한참을 웃었다. 한마디 소박한 말이 즐거운 분위기를 만들어 작은 행복을 준다.

편의점에 있다 보면 고객의 각양각색의 모습을 보게 된다. 서로 반갑게 인사하고 헤어지면 참 좋을 것을 그렇지 않은 경우도 종종 있다.

들어설 때부터 급한 분들이 많아 기다리지 못하고 덥석 판매대 위에 올려놓고 먼저 해 달라고 끼어든다. 외국인들이 황당한 표정으로 바라보다 비켜서며 먼저 계산해 주라고 손짓한다.

문을 연 지 얼마 되지 않았을 땐 손길이 서툴러 시간이 지체되면 빨리 안 해준다고 소리치는 고객도 있었다. 한번은 영수증 용지가 다 끝나 새것으로 교체하는데 다 쓴 플라스틱 심지를 꺼내야 하는 것을 깜박하고 안 꺼내 영수증이 나오질 않았다. 어쩔 줄 몰라 계속 반복해 누르고 있는데 물 하나 산 젊은 여자가 얼마 쓴지 알아야 하는데 왜 영수증 안주냐고 큰소리로 몰아붙여 홍당무가 된 일도 있었다.

하루는 선글라스 멋지게 쓰고 영자 신문을 든 노신사 한 분이 요구르트를 판매대 위에 올려놓아 빨대를 나란히 놓았더니 빨대 비닐을 입으로 뜯은 다음 입에 문 비닐을 내 앞에 훅하고 뱉더니 나머지 껍질은 바닥에 휙 버리는 거였다. 너무 기가 막혀 쓰레기를 그렇게 버리시면 안 된다고 했더니, 지금 나한테 그러는 거냐며 내가 버리면 치우는 게 당신이 할 일이라고 말하며 오히려 눈을 부릅떴다.

내가 한마디 하려 하자, 옆에 있던 남편에게 어디서 눈 크게 뜨고 어른한테 말을 그렇게 하냐고 따져 들었다. 계속 말하자 남편은 그냥 가시라고 정중하게 말했다. 적반하장도 유분수라 했다.

도대체 어찌하면 그런 상황을 만들 수 있는지 되묻고 싶었다. 몰상식함을 당연한 권리로 받아들이는 그들의 사고에 화가 났지만 싸움을 일으켜선 안 되겠기에 부들부들 참았다.

나도 그들도 분노에 사로잡힌 걸까. 어디서부터 우린 이렇게 사소한 일에 핏대 세우며 달려들게 됐을지 생각하니 서글프기 짝이 없다. 현대 사회 전반에 걸쳐 자연스러운 미소보다 인상 쓰며 큰소리 내는 일이 더 잦아진 걸 보면 우리네 삶이 팍팍하긴 한가 보다.

어떤 조사에서는 여성보다 남성이, 젊은 층보다 50대 이후가 감정을 잘 드러내지 않는 것으로 결과가 나왔다. 특히 평소 감정에 서투르지 않다고 여겼던 20대도 점점 감정에 메말라간다는 결과가 나와 주목할 만하다고 말하고 있다.

예부터 과묵한 사람이 되라는 가르침이 우선시 되었었다. 민족 정서상 소위 방방 뜨면 경박하다고 혼쭐이 났었다. 웃음소리가 담장을 넘어가면 안 된다고 귀에 못이 박히도록 듣고 자란 우리는 그래서 표현에 더 서툴다.

이즈음 나는 편의점을 찾는 고객에게 따듯하고 아름다운 표현을 배운다.

현금을 건넬 때도 종이돈을 잘 펴서 '부자 되세요.' 하는 분도 있다. 어느 분은 '행복하세요.' 하며 말 한마디에 얼굴 가득 웃음을 실어주는 분도 있다. 날씨가 오락가락하는 환절기엔 감기 조심하시라며 내가 건네야 할 말을 먼저 해 주는 정겨운 마음도 있다.

감사의 인사를 정중하게 주는 그들에게서 소통의 인격을 본다. 미소도 웃음도 절대 아낄 필요가 없음을 그들을 통해 절감한다.

사람 마음이 참 간사한 게 진상 고객 상대하느라 지쳐 말 한마디도 하기 싫어지다가도 따뜻한 말 한마디에 다시 에너지를 회복한다. 고맙고 감사하다. 사람으로 상처받은 것을 다시 사람의 정으로 환불받으니 살 맛 나는 세상이다. 시간의 흐름으로 더 지치기보다는 새록새록 힘을 얻는다.

장을 보고 집에 가는 길에 편의점에 들러 드시고 일하라며 먹을거리를 놓고 가며 웃어주는 단골도 있고, 요리사인 고객은 일을 마치고 들어가는 길에 푸짐하게 포장해온 음식을 온 가족이 맛있게 먹으라며 정을 주었다.

웃으라고 자꾸 가슴 먹먹한 일이 생겨나는 가 보다. 내가 주어야 하는 처지인데도 받기만 하는 감사의 상황이 더 많은 고객에게 최선을 다하라고 가르침을 주는 듯하다.

남녀노소 맞춤식 친절과 진심에서 우러나오는 활기찬 편의점을 만들어 이곳에 오는 모든 사람에게 내가 배운 작은 행복을 전하고 싶다.

이기적인 발주

편의점 옆 사무실 친구들이 점심시간에 맛있는 것을 고르고야 말겠다는 표정으로 삼삼오오 들어왔다. 진지하게 뭘 선택할지 고심하는 표정을 옆에서 보노라면 우리에게 먹는 것만큼 중요한 게 없다는 생각을 한다.

도시락을 두 개나 가지고 와서 오전에 다 먹어버리고 매점을 향해 뛰던 여고 시절이 떠올라 혼자 피식거렸다. 그때나 지금이나 먹는 것에 대한 애정전선엔 이상 기류가 흐르지 않는다.

젊은 친구들이 새로 나온 신제품에 관심을 보이며 맛있냐고 물어온다. 이미 신제품이 나오면 첫 번째 시식자는 나라는 걸

다 아는 친구들이다. 점주님은 다 맛있다고 하는 경향이 있다며 은근 판매를 부추긴다고 말하며 호호 웃었다.

“당연하죠. 나도 먹고 고객도 맛보고 반응 안 좋으면 더는 발주 안 하니까요.”

매일 오전 10시까지 모든 발주를 마감한다. 당일에 도착하기도 하고 어떤 품목에 대해서는 다음 날로 넘어가기도 한다.

음료, 술, 과자, 잡화 일부 등의 상온, 담배 등의 잡화, 도시락, 샌드위치, 햄버거, 빵, 우유, 요구르트, 주스, 디저트 등의 저온이 밤과 다음날 오전에 걸쳐 한 번씩 하루에 서너 번 물품이 도착한다.

지인들은 가끔 궁금해 한다. 열 평도 안 되는 점포에 물품의 가짓수는 어느 만큼이냐고 묻는다. 대략 이천 가지가 넘는 다양한 종류가 있다고 하면 눈이 휘둥그레진다. 어느 고객은 이렇게 작은 데 있을 건 다 있다며 신기해하기도 한다.

신제품은 꼼꼼하게 여러 번의 확인 과정을 거쳐 출시되는데 나도 고객인지라 맛, 모양, 크기 등 궁금한 게 많다. 담당 주임이 가져다주는 책자를 들여다보며 발주 여부를 결정한다. 이 모든 게 점주 마음이지만 철저하게 점주만의 결정이 아니기도 하다.

우선 지역적 특성을 제일 먼저 고려해야 한다. 주택지인지 나홀로 오피스텔인지 학교 앞인지 관광지인지 중심가인지 사무실 근처인지 역전인지 섬인지 산골인지 지역마다 특성을 살피는 것이 가장 중요하다고 본다. 연령별 차이에 따라 구매 물품이 달라지므로 계층을 잘 확인하고 발주를 해야 한다. 그냥 판매됐다고 해서 채워 넣는 식의 발주는 실패를 부르는 주요한 요인이 된다.

발주할 때 은근히 시간이 많이 소요되는데 진열대 위치와 현재의 상태 등을 고려하고 날씨나 주말 등 여러 요건에 맞춰 세세하게 살펴 골라야 하므로 꽤 인내와 집중을 필요로 하는 순간이다.

신제품은 어느 고객이라도 한 번은 맛볼 수 있게 선을 보이지만 새로운 맛에 선뜻 용기 내는 분들은 많지 않다. 아무래도 학교 앞 젊은 층들이 오가는 곳에 반응의 속도가 빠를 것이다.

점포가 있는 관광지와 사무실이 공존하는 곳은 익숙한 맛을 지키려는 성향이 강해 신제품을 바라보는 시각에 궁금증은 있지만 그리 적극적이지는 않다.

편의점을 애용하는 객 층이 젊은 세대이므로 그들의 맛에 공감하는 노력이 필요하고 새로운 상품에 대한 지속적인 개발을 품는 만남이 되어야 할 것이다. 본사와 점주의 끊임없는 관심과 협력이 좋은 상품으로 인정받는 최대의 길일 것이다.

새로운 것에 대한 호기심은 누구나 같게 마련이다. 집 밥을 삼시 세끼 먹지 못하니 밖에서 해결해야 하는 우리는 집 밥처럼 건강한 음식을 먹으려 한다. 또 항상 먹어야 해 조금 싫증이 나면 새로운 음식을 찾기 마련이다.

발주 창에 새로운 메뉴가 등장하면 한동안 고객의 반응을 보게 되는데 물론 이때 적극적인 홍보는 필수다. 하지만 폐기가 계속되고 점주들의 발주가 줄어들면 일정 기간 기다려보고 어느 순간 발주 창에서 사라진다.

점포마다 약간씩 차이가 있을 수 있어 사라진 상품에 대한 아쉬움을 토로하는 고객이 가끔 있다.

우리 편의점 가까이에 사방이 유리로 된 멋진 건물 2층에는 빵집이 있는데 밀가루 반죽을 미리 하는 특성상 새벽에 출근해야 하므로 일하는 젊은이들이 숙소에 머물렀었다. 그중 한 친구는 유부밥바를 참 좋아했는데 나와 입맛이 같아서 약간의 경쟁 구도였다. 먼저 판매된 날에는 실망의 폭이 커서 그냥 맥주나 먹어야겠다고 캔맥주를 사기도 했었다. 그러던 어느 날 발주 창에서 유부밥바가 사라지고 나나 그 젊은이나 무척 슬퍼했었다.

그러더니 한참 지나서야 밥바 형태가 아닌 줄김밥 모양으로 유부롤이 등장해 유부를 좋아하는 층을 만족하게 해 주었다.

이미 퇴사해 다른 곳으로 이주한 그 친구가 어디선가 발견하고 좋아하리라 생각하니 작은 밥 하나로도 기억 속에 머물러 회상할 수 있다는 건 또 다른 정의 모습이다.

계절마다 선호하는 상품도 차이가 크게 난다. 하지만 일 년 열두 달 변함없이 찾는 상품도 있게 마련이다. 다양한 연령대가 수많은 상품을 골라 가지만 그래도 우리 점포에선 아주 보편적인 상품들이 제일 인기가 많다.

최고의 자리는 부동의 강자인 바나나우유다. 중국인들에 이어 동남아 친구들도 엄청 좋아해 아침, 저녁 사서 간다. 우리나라 중년 남성들도 진열된 상품을 둘러보다 최종 선택으로 정하는 경우가 많다. 낮은 연령대 보다 중장년층의 영원한 사랑을 받는 바나나우유의 독주는 계속될 것 같다.

서양인들은 물론 생수를 많이 고르지만, 다음으로는 콜라를 선택한다. 생수도 보통 2L를 사서 들고 문을 나선다. 반면 콜라는 제일 작은 캔을 많이 사 가는 편이다. 과자 또한 우리의 눈에 가장 익숙한 새우깡이 남녀노소를 막론하고 선택에 주저함이 없다. 기본적인 이런 상품들이 항상 점포에 넉넉히 비치될 수 있도록 발주에 신경 써야 한다.

매일 점주가 자기 점포에 맞게 정성들여 발주를 하면, 본사는 성실하게 제품 만드는 기업에서 고객과 만날 진실한 약속이 담긴 제품을 편의점에 배달한다.

이것이 진정 고객이 바라는 친근하고 정다운 친구 같은 편의점 모습이리라.

이심전심

궁 옆의 점포는 하루 열아홉 시간 문을 연다.

밤 1시에 닫고 아침 6시에 문을 연다.

이 다섯 시간의 차이로 이익금에서 조금 차이가 있지만 밤샘하는 것보다는 훨씬 나을 것 같아 결정했었다.

궁 건너편의 점포는 게스트하우스가 있는 작은 골목이라 스물네 시간 운영이 불가피하다.

언제나 어느 곳에서든 장단점은 다 있다.

문을 닫으니 마무리할 시간이 정해져 있고 2층 공간의 정리도 필요하므로 밤이 더 분주하다.

반대로 늘 여는 공간은 야간에 있는 알바 친구 덕분에 시간의 자유로움이 있다.

물론 밤샘 근무에 대한 대우는 마땅히 해야 하므로 한 달 지급되는 액수가 꽤 크다.

온 가족이 고생하고 몫을 다 해도 두 군데의 운영은 인건비 지출이 많아 돈으로만 따져 본다면 안 하는 게 정답이겠지만, 강한 사람끼리는 가까이서 부딪히는 것보다 각자의 일에 책임을 다하는 게 순리라 생각했다.

지금까지의 결과로는 잘한 결정이라고 호언장담할 순 없지만 내게 주어진 이 시간이 객관적으로 볼 수 있는 자양분이라 믿고 있다.

돈이야 좇는다고 내 것이 될 건 아닌 게 분명하고 조금 돌아가도 큰일은 아니라고 생각했었다.

챙겨야 할 일은 더 많아져 힘은 들어도, 가족들의 이해를 얻기 어려워도 내일엔 오늘보다 나아질 거란 희망이 있으니 잘 살 수 있다.

엄청나게 목청 돋워 싸웠다.

나는 나대로 시간이 흘러도 어색해하는 남편이 서운했고 남편은 남편대로 아이들 가르치듯 매사에 지적한다고 고개를 돌렸다.

똑같은 일상이 우릴 자꾸 방해하고 배려라는 것을 모르는 사람들처럼 덕지덕지 허물이 부풀어졌다.

각자의 일에 묻혀 사는 동안 우리는 바빠 부부로 이십육 년을 살아왔지만 서로 보고 싶은 것만 받아들이고 살았다는 생각이 들었다.

누구보다 잘 안다고 내 식으로만 판단했던 오류는 같은 일을 하면서 깎이고 헐벗겨져 중년의 우리를 당황하게 하였다.

도망치듯 선택하는 건 아닐까 서성였지만 반복되는 나날이 두려워져서 깊게 고민할 수 없다고 결정을 서두를 때 궁 건너편으로 시선을 돌렸었다.

궁 바로 맞은편에 고풍 가득한 국악당이 지어지고 있었다.

인적 드문 그 골목길의 유유자적한 분위기가 좋았다.

돌아가신 시외할아버님이 서도민요 인간문화재이신 이은관님이신데 문득 국악당을 보며 국악과의 끈이 이어진 것 같은 느낌도 들었다.

시간이 흐른 후에는 종묘 따라 걷는 길이 되어 차 없는 거리가 된다고 하니 골목과의 만남은 새로운 여정을 잉태하고 있다.

이제 몇 달의 시간이 흐르고 이웃들과도 친근한 정을 나누며 하루를 시작한다.

긴장되어 있던 몸과 마음도 조금씩 회복되고 남편과의 소원했던 거리감도 예전의 우리를 떠올리게 할 만큼 여유가 생겼다.

5년의 연애와 이십육 년의 결혼 생활을 해 오며 가장 편안한 사람인데 우리의 맞춤 설정에 잠시 잡음이 있었을 뿐이다.

우린 점포 하나씩 맡아 상품이 부족하면 주고받으며 누구보다 열심히 하루를 보낸다.

위치에 따라 인기 있는 품목이 조금씩 달라 상품의 여유분을 충분히 확보할 수 있어 공유하기에 충분조건이 형성된다.

자격증을 얻어 분야를 확대하며 젊은 날을 부지런하게 산 내게 남편은 열심히 배우고 잘 실현해가는 모습을 보고 자극을 받아 본인의 길에 활력소가 되어 제품을 개발하게 되었다며 고맙다고 했었다. 그 어떤 세레나데보다 행복한 고백이었다.

내 일에 몰두하느라 소홀한 부분이 있었음에도 그리 생각해 주었다니 고마울 뿐이었다. 여러 가지 모습으로 살아가게 마련이다. 그 길 위에서 부부로 만나 서로 힘이 되고 좋은 영향을 끼친다는 게 그 얼마나 뿌듯한 일인지 참 잘 사노라고 끄덕였다.

우린 아마도 한 번은 건너야 할 위기에서 잠시 휘청거렸는지도 모른다. 그 함정에 오래 빠지지 않고 서로 버팀목이 되어 주어야 한다는 걸 느낀다. 환경의 변화에 너무 예민하게 반응했던 거라고 반성하고 토닥여 주리라 마음먹는다. 욕심내지 않는 고운 길에서 더 큰 부부애로 살아가리라 다짐한다.

고객에게 오누이냐는 소리를 많이 듣는 우리는 그만큼 닮은 꼴이다. 마음의 소리를 들어주는 열린 귀로 좋은 말로 살아 세상을 향해 나누는 우리로 살아갔으면 하는 바람이다.

이방의 고운 마음

두 딸이 마감한다는 건 우리의 꿀 같은 휴식 시간이 되는 걸 의미한다. 개점 초기에는 늘 그랬는데 다들 각자의 일로 바쁜 터라 요즘은 마음만 전해 받을 때가 많다. 딸 둘이서 마감했을 때 전해들은 얘기는 지금 생각해도 훈훈하다.

추운 겨울이 아니면 이곳은 한국을 만나러 온 이방인들로 북적인다. 그날도 두 딸은 문을 닫으려 하는데 외국사람 둘이 지친 얼굴로 들어와 치킨과 맥주를 먹을 수 있는 곳을 물었다고 했다. 일요일이면 웬만한 가게는 평상시보다 일찍 문을 닫는 터라 알려줄 만한 데가 없어 둘이 문을 닫고 한참을 같이 가 주었단다.

정말 먹고 싶은 것을 먹을 수 있을 때의 행복은 참으로 크다. 특히 여행지에서의 긴장도 녹일 수 있으니 그들은 더 큰 기쁨을 느꼈을 터였다.

연신 고맙다는 말과 미소로 딸들도 뿌듯해하며 돌아와 다시 정리하고 있는데 얼마 지나지 않아 헐레벌떡 그들이 뛰어 들어오며 손에 들고 온 걸 내밀었는데 온기가 그대로 느껴지는 치킨 한 상자였다.

식기라도 할까 봐 두 손 모아들고 뛰어 온 거였다. 고맙다며 전해 받은 딸들은 오히려 더 고마움을 느낀 순간이었다고 말해 주었다.

이곳은 골목이 미로처럼 이어진 곳이 많아 이방인들이 종종 헤맨다. 지도나 앱으로 찾기도 하지만 그들 중에도 길눈이 어두운 사람도 있을 터여서 편의점에 와서 길을 물을 때가 많다.

마음 같아선 데려다주고 싶은데 혼자 있을 땐 어찌할 수도 없고 언어 장벽에 자세히 설명도 못 하고 난감할 때가 한두 번이 아니다.

딸들은 젊은이답게 기본적인 의사소통은 하나 골목길을 설명해 주기에는 역부족이어서 답답한 적이 많다고 했다. 둘이 있을 땐 같이 가서 숙소 앞까지 데려다준 적도 있었는데 무척 고마워해 더 기분 좋았다고 해맑게 웃었다.

이렇게 특별한 곳에 사는 사람들은 자연스럽게 친절을 배운다. 이방인들과 늘 웃으며 대하다 보니 혹 언어가 내 나라말처럼 들리지 않아도 주저하지 않고 적극적으로 문제 해결을 하려 하는 태도를 배운다.

조금 부족하면 어떤가. 마음으로 눈빛으로 그들은 다 느끼고 있으니 괜스레 움츠리지 않아도 된다. 편의점을 하며 정말 다양한 국가의 사람들과 만났다. 그들은 언제나 웃으며 고마운 마음을 전하는데 그 환한 웃음에 나도 밝은 마음을 전해 받는다.

대부분의 이방인들은 이렇듯 즐겁게 판매대에서 별문제 없이 웃으며 헤어진다. 그런데 그 날 만난 그는 전혀 그렇지 않았다.

저녁 시간 체구가 크고 그리 젊지 않은 서양인이 문을 들어섰다. 반갑게 인사하니 본체만체 도시락이 있는 쪽으로 성큼 다가서더니 한참을 나무가 된 듯 서 있기만 했다.

신중하게 고르려나 보다 하고 서서 기다리니 내 쪽을 힐끔 보더니 걸어와 판매대 위에 올려놓은 건 개별 포장된 사과 세 개였다. 바코드를 찍고 모두 삼천육백 원이라 말하니 갑자기 인상을 쓰며 가격을 다시 한 번 더 확인했다.

친절히 다시 말하니 말도 안 된다는 표정으로 날 쳐다보았다. 그러더니 다른 가게에서는 하나에 천 원이라고 말했다. 이건 하나에 천이백 원이라 다시 말하니 뭐라고 빠르게 중얼거리며 사과 두 개를 옆으로 밀면서 하나만 살 것처럼 손짓을 했다. 그러면서 계속 화내는 태도로 날 위협하듯 노려보았다.

영어라도 잘하면 속 시원히 말이라도 하는 건데 영어 공부 열심히 할 걸 후회가 막심했다. 화면의 숫자를 일로 수정하고 억지로 웃으며 나도 쳐다보았더니 사과를 놓아둔 채 그냥 획 나가버렸다. 안 산 게 문제가 아니라 어찌나 기분이 나쁘던지 외국 사람들의 그 미소가 무색해지는 순간이었다.

그래도 여전히 많은 외국인과 인사 나누며 편의점에서 그들을 만난다. 짧은 만남이지만 이 미소가 우리의 얼굴이라 믿는 건 과대 포장이 아닐 것이다.

애국은 이렇게 소소한 일상에서 비롯되어지니 우리의 책임이 무한대다. 언어로 소통이 잘 되면 정말 좋겠지만 어쩔 수 없이 밝은 웃음으로 밀 수 밖에 없다.

가끔 고맙게도 회사원들이 통역해줘 그들의 고민을 해결해준다. 우리 모두가 함께 이방인들과 마주하며 좋은 마음을 주고받는다.

우리의 밝은 미소로 한국을 찾은 그들의 마음에 추억의 씨앗을 심어 주고 싶다.

이방인의 충전

미운 오리를 닮은 담배

겉과 곁

소리쳐

뭣이 고급인디

쩐의 수난

약은 약이다

겨울 마음

안주 사랑

긴 기다림

셋. 약은 약이다

이방인의 충전

편의점엔 고객 만족 서비스 품목이 참 많다.

교통카드와 배터리 충전, 택배 발송과 수령, 전기차 충전, 금융, 배달 서비스 등 다양한 분야와 협약해 고객의 필요충분조건에 한 발 더 다가간다. 우리 점포는 장소가 협소해 택배 발송 업무의 공간을 확보할 수가 없다. 고객들이 발길을 돌릴 때면 양해를 구하지만 부족한 면에서 미안하다.

교통카드 충전은 내국인도 하러 오지만 외국인들이 더 많이 이용한다. 교통카드 값을 내고 충전하려면 따로 현금을 내야 하는데 카드만 사면 그 안에 충전이 되어 있는 줄 아는 경우가 종종 있어 외국어도 못하는데 곤혹스러울 때가 있다. 우리에겐 이익이 돌아오지도 않는데 의심쩍어하는 그들에게 제대로 설명할 수 없어 난감하다.

편의점 시작하고 얼마 되지 않아 충전이나 서비스를 원하는 고객 앞에선 기계치인 내가 불안해지기 시작해서 온 신경을 곤두세우고 있어야 했다. 아침 일찍 공항에서 와서 숙소를 찾아가며 충전하려고 하는지 한 외국인이 들어섰다. 너무 긴장한 탓인지 만 원을 충전해 달라고 했는데 포스에 떠 있는 금액 중에서 천 원을 누르고 말았다.

미안하다고 말하고 다시 나머지 구천 원을 누르려고 하는데 지갑에서 카드를 꺼내 손에 드는 게 보여 온리 캐시라고 다급히 말하니 눈이 동그래지면서 현금은 없다고 했다.

지금이야 환불하고 카드만 다시 돌려주면 되는데 그땐 당황해서 그다음 순서로 어찌해야 하는지 몰라 잠깐 정지 상태로 있다가 그냥 됐다고 했더니 감사하다고 몇 번을 돌아보며 떠났다.

만 원을 누르지 않은 게 천만다행이라고 가슴을 쓸어내렸다. 아무리 적은 액수라 해도 실수해 돈을 물어넣어야 하니 속상하긴 했다. 그래도 작정하고 시작한 사람에게 당한 거 보단 실수가 훨씬 심적인 고통이 덜하다.

봄날 외국인들이 여행지의 여유로움으로 함박웃음을 지으며 편의점을 찾는다. 덩달아 나도 여행지에서 그들을 만나는 것처럼 한껏 들떠 있었다. 외국인 남녀가 교통카드를 사겠다며 보여 달라고 했다.

몇 가지를 보여 주니 서로 뭐라 얘기하며 계속 다른 카드를 원했다. 그러는 사이 지폐를 손에 들고 있으면서 내게 말을 걸었다. 남녀는 교통카드를 골랐다가 다시 바꾸겠다고 하며 정신없게 만들었다.

뒤 다른 고객들은 그들이 고르는 사이 계산을 해 주었다. 카드를 골라 돈을 내고 거스름돈을 주었는데 또 금액이 다른 것을 바꾸며 환불을 하고 다른 고객도 다시 계산하는 사이 내 정신은 이미 이성의 판단력에 바람이 불기 시작했고 급기야 충전하면서 그 남녀는 충전 금액을 아까 줬다고 강하게 말했다.

받은 것도 같고 아닌 것도 같았지만 바쁜 주말 낮 시간 계속 들어오는 고객에게 더 기다려 달라고 할 순 없었다. 그들도 떠나고 현금을 맞춰 보니 만 원이 비었다. 그들에게서 안 받은 게 확실했다. 어쩐지 카드를 계속 보여 달라고 하고 환불할 때부터 알아봤어야 했는데 아무것도 모르는 어린아이처럼 당하고 말았다.

이런 일을 겪으면 경험했다고 생각하고 다음에 실수하지 말아야겠다고 다짐하면 좋으련만 아쉽게도 자책이 심해지며 순간 자신의 무능함에 얼굴이 달아오른다.

어느 날 알바 친구가 죄송하다며 외국 사람들에게 당했다고 미안해했다.

카드를 충전기에 올려놓고 띠릉 소리가 나기 전에 바로 떼면서 충전 안 하겠다고 하더란다.

그러더니 황급히 나가버려서 이상하게 생각되어 포스를 확인해보니 이미 충전이 되어 바로 뛰어나갔지만, 그들은 이미 사라지고 없었다며 어쩔 줄 몰라 했다.

속이려고 마음먹은 그들을 당해 낼 수가 없다. 처음부터 그런 마음을 먹은 그들이 미울 뿐이다. 다른 나라에까지 와서 자기 나라 망신이나 시키고 그런 비양심을 보이다니 왜 그 모양인지 화가 난다. 잠깐의 속임수로 부자가 된 것처럼 으스대는 그 꼴이 한심하기만 하다.

어디 가나 막돼먹은 인간들은 있게 마련이지만 여행지에서까지 그런다는 건 쯧쯧 혀를 찰 일이다. 우리 자리에선 정말 정신 바짝 차리지 않으면 눈 뜨고 코 베이기에 십상이다. 외국인이라고 마냥 친절을 보이다가는 큰일이다.

친절도 좋지만 우선 살고 볼 일이다.

미운 오리를 닮은 담배

편의점을 시작한 지 얼마 되지 않아 모든 게 낯설기만 한 그때, 노신사 한 분이 담배를 하나 달라고 하셨다. 내가 서 있는 판매대 뒤편으로 쭉 나열된 담배는 내게 적잖이 위협적으로 다가왔었다.

담배 이름은 거의 외래어인 데다가 화려한 색채나 디자인이 비슷해서 구분되지 않았다. 시간이 어느 정도 흘러야 능수능란하게 척척 골라낼 수 있을지 오리무중이었다. 아예 솔직하게 털어놓고 죄송하다는 인사로 위치를 알려 달라고 하면 잘 찾아 주는 고객도 있지만 불편한 기색을 내는 고객도 있어 어찌할 바를 몰랐다.

포스도 익히지 못해 혼자 남으면 불안해 걱정인데 담배 이름도 인지하지 못해 담배 사는 고객만 들어오면 두려움의 연속이었다. 계산은 못 해도 암기엔 막힘이 없었는데 담배 이름 앞에선 여지없이 무너졌다.

틈만 나면 위치와 이름을 나름대로 익히느라 쉴 새 없이 바빴다. 어르신이 여기에 있는 담배의 종류가 몇 가지나 되냐고 물었다. 이름만 알려고 들었지 정작 가짓수는 궁금해 하지도 않았던 거라 내가 생각해도 어이가 없었다. 어르신이 가고 세어보니 백오십 가지나 됐다.

진열장에 오르지 못한 녀석도 불평을 가질세라 다 셈하니 그 정도가 되었다. 가끔 밑 보관장에서 꺼내 줄 때가 있는데 열외시킨 거 같아 미안하기 그지없다. 사실 인기 있는 담배는 정해져 있어 처음엔 이만큼의 진열이 왜 필요할까 생각했는데 많은 종류만큼이나 다양한 담배 맛을 느끼는 공급과 수요의 곡선이 어우러져 이해의 폭이 생겨났다.

담배를 팔다 보니 각 회사의 영업 사원들도 많이 만나는데 올 때마다 홍보용 카드나 안내문을 가져와 제품을 돋보이게 부착

한다. 그다음엔 열심히 일한 흔적을 남기기 위해 사진을 찍는다. 이때는 판매대 위에 올려놓은 행사 제품을 옆으로 치우고 회사 제품만을 각인시키려 한다.

성실하게 일하는 사람들을 볼 때 참 흐뭇하다. 종일 발품을 팔며 온 점포를 다니며 홍보하려면 식사도 건너뛰기 다반사일 것으로 생각하며 남편은 본인이 오랜 세월 영업부에서 근무한 이력으로 더 잘 챙겨준다.

문제는 그들이 가고 나면 위기가 왔다는 걸 직감한다. 신제품이 나오면 담배의 위치를 바꿔 제일 중앙에 진열하기 때문에 기존의 담배는 다른 곳으로 이사할 수밖에 없다.

담배의 위치를 겨우 익혀두면 다시 싹 바뀌어 있고, 시간이 좀 지나 익숙해지면 또 바뀌고 담배와의 숨바꼭질은 술래를 잡을 길이 멀기만 하다.

그마저도 괜찮은데 더 허탈한 것은 사력을 다해 자주 오는 고객의 담배 기호를 기억했다가 들어오는 동시에 판매대 위에 올려놓고 잘했다는 듯 의기양양해하면 다른 담배를 주문할 때다. 억울해하면 너무 독해서나 아니면 맛을 바꿔보려 한다고 견해를 밝힌다.

단골의 취향까지 내 식으로 몰아붙이는 건 아니란 생각에 알려고 하지 않으면 어떤 고객은 매일 오다시피 하는데 담배도 모르냐고 핀잔을 줘 어느 장단에 춤을 춰야 할지 갈피를 잡을 수가 없다. 쉬운 게 없다.

담배만 익히기도 쉽지 않은데 가장 큰 함정은 청소년을 가려내어 판매하지 않아야 한다는 것이다. 요즘 같이 성숙한 십 대의 외모를 보고 신분증을 요구해야 한다는 건 모래에서 바늘 찾기다.

다행히 학교 근처가 아니어서 학생들이 평소 많이 오지 않아 다행이지만 봄, 가을의 행사 철에는 사정이 완전 다르다. 한꺼번에 들어오면 당연히 학생이라는 걸 알 수 있어서 걱정이 없는데 무심코 들어와 담배 달라고 하면 깜박 속을 수 있어 눈을 부릅뜨고 문을 주시한다.

어느 날 체격 좋고 키가 무척 큰 친구가 들어와 편안한 어조로 담배 달라고 해 나도 모르게 담배 쪽으로 몸을 돌려 꺼내려다가 아차 하고 다시 뒤를 돌아 신분증을 보여 달라고 했다. '저 학생 아닌데요.' 그러더니 '저 차에 두고 왔는데요.' 하는 것이었다.

이렇게 귀여울 수가. 단체로 왔다는 건 학생이라는 걸 바로 증명하는 건데 학생 아닌 척해도 어쩔 수 없이 드러나는 걸 보니 웃음이 났지만 실패한 본인에게 쏟아질 친구들의 비난을 걱정하는 것 같아 웃음을 거두었다.

청소년에게 판매해 많은 점주가 벌금을 물거나 판매 정지를 당한다고 하니 남의 일로만 볼 수 없는 중대한 문제이다. 촉만을 믿을 수도 없고 운이라고 밀쳐 낼 수도 없으니 편안한 일이 없다.

나만의 문제도 아니고 모든 점포에서 속이고 사려는 청소년과의 소리 없는 눈 맞춤이 매일 일어나니 황당한 피해를 줄이기 위한 고군분투다.

담배를 구매하는 많은 사람은 담배 값도 비싼데 많이 벌겠다고 하지만 사실 담배와 함께 판매대에 올라오는 다른 상품이 효자인 거지 담배는 이익률에 큰 도움을 주진 못한다. 하지만 모든 상품은 그만의 의미가 있기에 진열대의 자리에서 그 자태를 뽐낸다. 담배도 가장 넓은 자리를 확보해 편의점을 찾는 많은 이들에게 구매의 기회를 제공한다.

이제 담배 표지의 디자인이 경고 그림으로 바뀐다. 흡연자를 줄이기 위한 대책이다. 우리의 매출이 줄어든다 해도 경각심으로 다시 다짐하는 계기가 되었으면 좋겠다.

담배 회사 직원들을 생각하면 마음이 착잡해 지지만 건강한 사회를 구축해야 하는 우리의 의무가 있으니 좀 더 나은 세상을 위해 노력해야 한다.

겉과 결

한동안 백화점에서 갑질 고객으로부터 언행 폭행을 당한 직원들의 기사가 화제가 되었었다. 돈이 전부라고 믿는 소수의 무리가 이 세상이 자기 것인 양 휘젓는다. 자식과 함께 다니며 행하는 그 짓에는 대대손손 이어가는 자신들만의 부를 보여주겠다는 신호인 셈이다.

서비스업이라 친절만을 보여야 하니 뭐라 대응도 못 하고 겪는 직원은 말로는 다 못할 고통이 얼마나 클지 짐작이 간다.

그런데 반대로 직원들의 몰지각한 태도에 상처받는 사람들도 많다.

차림새가 화려하지 않으면 고가 매장에서는 인사하는 강도가 조금 다르다는 걸 느낄 수 있는데 오죽하면 잘 차려입고 가야 한다는 소리가 있을 정도다. 이제 나이가 들어가니 그런 게 의미가 없다는 걸 알 정도로 스스로 현명해 지지만 예전엔 남이 어찌 보는 가가 중요한 시절도 있었다. 외모가 중요하고 겉치레에 정성을 들여야 한다고 강조하는 분위기가 많다보니 자연스럽게 신경이 쓰이기도 했다.

장애우들의 입장도 비슷할 거란 생각이 든다.

보이는 장애든 그렇지 않든 사람들의 시선으로부터 자유로워지기 얼마나 힘들 것인가. 다르다는 것에 안타까운 마음이 더해져 관심이라는 이유로 그들을 주시하고 있는 건 아닌지 우리에게 반문하고 싶다.

편의점에 가끔 오는 젊은이는 그런 면에서 사람들의 안쓰러운 표정으로부터 담대한 태도를 보인다. 한쪽 다리가 없는 장애를 가지고 있는데 짧은 치마를 입고 목발을 짚어 사람들이 지나치다 고개를 돌려 바라봐도 의연한 표정으로 들어선다.

도시락도 둘러보고 커피 음료를 살 때 도움이 필요하면 도와달라고 편안하게 말한다. 처음엔 나도 판매대에서 나가 뭔가 도와줘야만 할 거로 생각했는데 그 친구 행동에서 내 생각이 오히려 배려하지 않고 앞서갔음을 깨달았다. 여느 고객과 같이 맞이하고 필요로 할 때 도움을 주는 차별 없는 자세가 가장 중요하다는 걸 그 친구가 일깨워 주었다.

아마도 내겐 착한 사람 콤플렉스가 있는 건지 보이기 위한 위선이 있는 건지 편의점 판매대에서도 무수히 과한 행동으로 고객을 불편하게 했을지 모를 일이다. 굳이 그럴 필요까진 없는데도 모든 사람에게서 좋은 점주라는 말을 듣고 싶은 욕심이 날 가만두지 않은 것일 수도 있다.

그 친구 덕분에 좀 더 편안한 마음으로 대할 수 있는 기본을 배웠다. 겉으로 보이는 모습에 대한 집착이 살아가는 우리에게 그다지 중요하지 않다는 단순하고도 순박한 진리가 지금의 내게 절실한 것임을 알게 해 준 고마운 사람이다.

겉이란 글자에 점 하나 더 붙이면 곁이라는 글자가 된다. 모음 어가 여로 변하는 순간 본연의 뜻도 변신을 꾀한다. 친근감을 배제해 주변을 빙빙 돌기만 하는 서늘함이 조금의 시선만 돌려도 더없이 다정한 온화한 미소가 된다.

세상 살아가는 건 마음먹기 나름이라는데 겉에서 맴돌지 말고 바싹 당겨 앉으면 곁에서 서로 따스한 온기를 나누며 살 수 있다. 사람이 사람을 좋아해야 세상이 변한다고 난 믿는다. 한 집안의 주부도, 가장도, 아이들도 모두 곁에서 각자의 시각으로만 보지 않고 더 다가가 곁에서 손잡아주어야 사랑이 움튼다. 그 가정의 사랑이 주변으로 확산해 분노가 사라지는 세상의 온기로 마주해야만 한다.

모두가 지치는 삶의 여정이다.

아무 일 없이 살아도 우울하기 짝이 없는데 하물며 우린 얼마나 우여곡절을 겪고 사는지 나이가 들며 그냥 짠하다. 가만히 있다가도 울컥하고 어느 날은 한바탕 눈물 한 바가지 쏟고 싶을 정도로 서러울 때가 있다.

시인 헤르만 헤세는 어떤 사람도 다른 이를 알지 못하며 그러기에 사람들은 고독하다고 했지만, 이 외로움을 방치할 수만은 없다.

나도 너도 힘든 세상.

서로 곁에서 손잡아주며 위로하며 살아보자.

소리쳐

늦은 오후였다.

젊은이가 빵과 우유를 사고 계산한 뒤 머뭇거렸다.

"물어볼 게 있는데요."

"네."

"저 막 속이 답답하고 그러면 어떻게 해요? 일하는데 이상한 사람들 만나고 그래도 뭐라고 할 수도 없고 괴로워 죽겠어요."

그러고 보니 편의점 앞에 소형 봉고차가 앙증맞게 주차되어 있었는데 차창에는 일과 연관된 홍보 문구가 새겨져 있었다. 젊은이의 표정이 진지해서 장난은 아닌 게 분명해 보였다. 얼마나 기막힌 일을 겪었으면 편의점에서 만난 사람에게 불쑥 입을 열었을까. 순간 어떤 답을 해 주어야 힘들고 지친 이에게 속 시원한 해결책이 될는지 고민되어 쉽게 말이 나오지 않았다.

학원에서 아이들에게 스피치와 글을 지도하며 가장 먼저 마음의 막힌 응어리를 풀어내는 데 집중한다. 무장해제 되어야 말과 글에서 가식 없는 소리가 나오기 때문이다. 감추려 들수록 벽이 쌓이고 진실은 실종된다.

우선 마음의 문을 열기 위해선 억압된 원인을 제거해야 하는데 의외로 아이들이 가지고 있는 분노 수위가 높아 원점으로 돌아오는데 시간이 꽤 걸린다. 호흡, 발성 등으로 소리를 낼 기본을 만들어야 몸을 망치지 않는다.

무조건 소리 지르면 성대가 상해 애를 먹을 수 있다. 뭉친 몸의 근육을 부드럽게 풀어주는 데에도 호흡이 매우 중요하다. 긴장해 떨릴 때도 복식 호흡으로 안정을 되찾는 데 도움을 줄 수 있다.

글도 마찬가지이다. 내 안의 마음의 소리를 잘 들어 풀어내면 십 년 묵은 체증이 내려가는 것처럼 화가 어느 정도 다스려지는 걸 체험할 수 있다.

아이들에게 부모님이든 친구이든 그 누구에게도 괜찮으니 편지를 쓰는데 그 대상에게 보여 줄 게 아니니니 걱정하지 말고 하고 싶은 말을 다 하라고 격려한다. 조금 격하게 써도 된다고 편안하게 말해주니 아이들은 신나게 막 쓴다. 그렇게 거침없이 쓰기 시작하면 절반의 성공이다. 나이가 들며 어휘력이 강해지고 어느새 글도 부담 없이 쓸 수 있는 마음이 된다.

"혼자 소리 지르시면 돼요."

그 젊은이에게 왜 그 말이 갑자기 튀어 나왔을까. 아이들에게도 화가 나면 절대 참지 말고 스스로 풀어야 한다고 했다. 직접 화를 내거나 때리면 지금까지 피해자였는데도 그 순간 상대편 친구가 학교폭력으로 신고하면 도리어 내가 가해자가 되는 게 세상의 굴레에서 만든 법이므로 당한 것도 억울한데 더 가슴 칠 일이 생기면 안 된다고 했다. 학교폭력 현장에서 그런 친구들의 사연을 접하면 속상하기 그지없다.

그때마다 내 감정을 잘 조절하는 힘은 쌓이지 않게 하는 거다. 아무도 없는 곳에서 소리 지르면 되는데 마땅한 장소를 찾지 못하면 이불 사이에 얼굴을 묻고 소리 지르고 나면 훨씬 마음이 개운해진다. 또는 이면지에 깨알같이 미운 상대방을 향해 막 썼다가 잘게 찢으면 신기하게도 화가 좀 가라앉는다.

그 젊은이에게 이런저런 이야기를 해 주니 조금은 밝아진 얼굴로 해 보겠다며 돌아섰다. 가슴에 억울한 사연으로 답답한 많은 이들을 응원한다. 그리고 꼭 각자의 방법으로 속상한 마음을 풀어냈으면 좋겠다.

현대 살아가는 우리 모두에겐 기쁨보다 서글프고 화나는 일이 더 빈번하므로 사회적 범죄도 끊임없이 일어나 불안에 떨고 있다. 국가도 그런 우리를 위로하고 더 희망적인 환경을 다듬어 주면 좋으련만 요즘 서글픈 일로 우울을 가중하니 우리들의 마음이 바람 잘 날 없다.

나도 편의점에서 쉴 새 없이 일하고 많은 고객과 만나면서 언짢은 일을 대할 때마다 그 스트레스가 엄청나다. 잠도 부족하고 신경 쓸 일은 계속되고 챙겨야 할 일은 압박감에 눌리고 진상 고객과의 문제 또한 해결하는 많은 일이 다 내 몫이므로 쉬이 지친다.

하지만 몸을 움직이며 사는 힘은 위대하다고 믿기에 열심히 살려고 노력 중이다. 지금까지 살아오면서 또 앞으로도 난 잘 먹고 잘 자고 잘 노는 데에 집중하는 것을 중요하게 생각하며 산다.

누구 때문에 무엇 때문에 못한다면 억울함이 커지고 나아가 분노가 끓으니 그때마다 즐겁게 살자고 애쓴다. 기대가 크면 실망도 크다고 했다. 다 부질없는 욕심이다. 이 순간 내가 잘살고 있다고 스스로 토닥이며 힘차게 살면 그 게 남는 장사다.

소리하면 크게 지르고 툴툴 털고 잘살아 봐야겠다.

뭣이 고급인디

주말 궁으로 나들이 온 가족들은 날씨만큼이나 화기애애하다. 내게 딸이 셋 있어서 그런지 편의점에 들어서는 모녀에게 정감 어린 시선이 된다. 엄마와 딸의 관계는 잔소리를 걸러내지 못해 아옹다옹하다가도 세상 그 누구보다 의기투합이 되는 묘한 사이인 게 분명하다.

편의점에 들어설 때는 서로 먼저 들어가라고 권하며 정답다가도 상품을 고를 때 의견이 서로 안 맞으면 금세 토라지는 모습에 액자 구성처럼 내가 보이기도 한다.

연세 지긋한 엄마와 딸은 들어올 때부터 급한 듯 서둘러 나도 긴장 태세에 몰입했다. 매장을 빠르게 훽 둘러보더니 아이스크림이 어디 있냐고 조금 퉁명스럽게 물었다. 아이스크림은 밖에 있다고 하니 나갔다 와선 저런 거 말고 하겐다즈는 없냐고 해서 판매대 옆 작은 냉동고 안에 있다고 대답했다.

불만 가득한 표정으로 냉동고 앞에 서더니 아이스크림을 하나 골라 거침없이 포장을 뜯어 한 입 베어 먹었다.

"계산 먼저 하셔야 하는데요."

누가 돈 안 낼까 봐 그러냐는 표정으로 판매대 앞에 와선 카드를 대충 던지는 것이었다. 그리고는 모녀는 유유자적 천천히 멍해 있는 나를 뒤로하고 나가버렸다. 자신들은 이런 아이스크림 아니면 안 먹는다는 식의 거들먹거리는 태도하며 기본적 예의도 없는 무례한 행동까지 전형적 갑질 행태다.

아이스크림 조금 더 비싼 거 먹는다고 있어 보인다고 생각하는 걸까. 미안하지만 하나도 그렇게 안 보인다. 본인의 태도가 아닌 마음으로부터 느껴지는 향기가 진정 아름다운 사람일진대 단순한 진리를 모르는 사람들이 은근 있다는 게 참 서글프다. 말할 가치도 없는 사람들에게까지 화가 나서 뭐하겠냐만 겪고 나면 기분이 좋지 않아 한동안은 감정 조절에 애를 먹는다.

어느 주말 아침에도 콘 아이스크림을 산 모녀가 궁 입장 시간이 남는다고 이 층에 올라가 시간 보내겠다고 해서 흔쾌히 올라가시라고 했다. 나가는 문이 다르니 고객들 맞이하느라 잊고 있었다.

한참 시간이 흐르고 이 층 정리하려고 잠깐 올라가니 바닥이 장난 아니었다. 보라색 발자국이 사방에 던져져 있고 밟은 사람들이 신발을 닦느라 썼는지 휴지도 물결무늬를 이루고 있었다.

아침에 그 모녀가 블루베리 맛의 아이스크림을 샀던 게 문득 스쳤다. 먹다 떨어뜨렸을 테고 그냥 가버리자 사람들이 뒤이어 밟은 것이라 추정이 됐다. 아무도 안 본다고 그 자리를 그렇게 만들어놓고 홀연히 가 버리다니 사람들의 기본이 의심스러운 지경이다.

물론 말도 안 되는 고객의 모양새야 익히 듣고 체험해 신물나도록 잘 알지만, 가족이 다 함께 그러는 데엔 방법이 없다. 잠깐이면 되는 것이고 조금 몸을 움직이면 뒤에 연이어 오는 사람들도 그들만의 추억이 어린 외출이 될 수 있을 텐데 사람의 못난 마음 하나로 상처가 된다.

고급이란 말 너나없이 좋아한다.

고급지다란 말에는 외적인 것만 들어 있는 게 아니다.

고급 병에 물들지 않는 방법은 고개를 약간만 숙이면 된다.

아래를 보면 내 모습이 내 눈에 들어오고 내 실수도 보이며 그다음 내가 가져야 할 마음도 생겨난다. 내 마음이 정화되면 고급에 연연해하지 않아도 누구나 나를 평온하게 보게 된다.

한 세상 살아가며 부끄럽게 살진 말아야 하지 않을까.

누구에게 보이려 하는 것도 부질없고 그저 나 스스로 잘살고 있다고 만족할 수 있는 삶을 살아가려 하는 애씀이 우리에게 필요한 거로 생각한다. 반백이 되며 인생의 고삐가 조금 풀어질 때 편의점을 잘했다고 끄덕인다.

향기 나는 사람에게서 잘사는 이치를 깨닫게 되고 못난 사람에게서 정신 번쩍 나는 꾸지람을 새긴다.

이곳이 내겐 인생 학교다.

쩐의 수난

해가 바뀌면 슬며시 각 품목의 가격 인상 소식이 전해진다. 미리 발주하기도 하지만 보관 공간의 제약으로 모든 품목을 그리 할 수는 없다. 한 품목이 오른다는 건 도미노처럼 연관된 품목 인상을 뜻하고 사회 전반에 걸쳐 각종 요금이 인상된다.

갈수록 살림살이는 쪼그라드는데 주머니에서 나가는 돈은 소나기처럼 한 번에 사라진다. 인생에 돈이 별거냐 해도 돈 없인 살아갈 수 없고 돈을 좇지는 말자 다짐해도 통장에 잔고가 바닥을 보이면 만사가 다 귀찮아지고 무기력해진다. 어쩜 우리 인생은 이 상반되는 가치를 공유하며 수행을 하는지도 모른다.

편의점을 시작하며 준비할 것이 은근 많아 세세한 관심이 필요했다.

그중 하나가 시재금이다. 사고파는 편의점이라 당연히 현금이 오가고 거스름돈이 있어야 해서 은행 출입이 잦아진다. 편의점은 그날 합산한 현금을 다음날 본사에 입금하는 체계이므로 영업을 하기 위해서는 잔돈의 여유분이 절실하다.

매일 은행에 가다 보니 자연히 은행 직원과의 인사가 즐거운 일상이 된다. 그들은 우리 매출을 어느 정도 알 수 있는 관계이므로 높을 때는 함박웃음을 지어주고 반대의 경우엔 함께 걱정해 주는 친구가 되어준다.

은행 문을 나설 땐 바꾼 동전으로 무거운 가방을 두 팔로 안아 든다. 동전의 무게가 꽤 무겁다. 부자가 된 기분이 들어 발걸음이 뛸 듯이 가볍다. 요즘은 카드 결제가 많아 동전이 많이 필요하지는 않아도 꼭 있어야 하는 주요 품목이기는 마찬가지라 준비에 소홀할 수는 없다.

어떤 고객은 동전 딸랑거리는 게 싫다며 이제 애물단지로 추락했다고 선언한다. 하기야 200원 사탕을 사도 카드로 결제하는 시대가 되기는 했다. 고객이 카드 결제를 원하면 거절할 수 없지만, 소액인데 카드를 꺼내 들면 썩 반갑지는 않은 게 사실이다.

더군다나 식당에서 함께 와서 먹어도 각자의 카드로 자신이 먹은 밥값만 계산한다는 기사를 접하면 그 식당 주인의 마음이 내 일처럼 다가와 씁쓸하기도 하다. 당연한 이치인데 수수료 부담을 알고 있기에 가벼이 넘기기가 힘들어진다.

막상 상업의 세계에 속해 보니 하나하나 지출이 너무 많아 큰 수익을 낸다 해도 묶은 일정 액수가 된다. 게다가 계절 따라 차이가 커서 힘든 달의 지출을 넉넉한 달의 이익금으로 충당해야 하므로 운영의 묘수가 절대적으로 필요한 실정이다.

고객이 상품을 골라 판매대 위에 올려놓고 카드 한 장 꺼내면 시간은 오래 지체하지 않는다. 반면 현금으로 결제할 때는 기다릴 때가 적지 않은데 거스름돈이 많아지는 큰돈이 나올 때다. 좀 더 깨끗한 돈으로 주고 싶은 마음에 찾느라 뒤적인다.

별 뜻은 없지만 받을 때 산뜻한 마음이기를 바라는 심정에서 출발하는 내 만족이다. 주고받는 잠깐이지만 좋은 마음이 되면 서로가 기쁨이 되는 거로 생각한다.

아무리 고객이 왕이라 해도 던지며 주는 사람들에겐 친절한 함박웃음이 지어지지 않는다. 상품의 값에는 제조 회사의 몫인 원가와 유통구조를 책임지는 회사의 몫과 편의점 점주의 이익금이 들어 있다.

모두가 서로 나누며 경제를 지키는 것이고 우리 모두의 생활이 녹아 있는 것을 인지하면 좋겠다는 생각을 한다.

그 논리로 따지자면 결국 돈은 돌아서 본인에게 돌아가고 사회 전체가 안정된 기반이 마련돼는데 밑거름이 되는 것이다.

물론 고객의 판매로 편의점에 이익이 생기고 그래서 우리 가족도 생활을 영위할 수 있지만 그렇다고 함부로 대하는 건 아니라고 본다. 서로서로 기본을 지키는 상황에서 만나기를 희망한다.

주머니에서 주섬주섬 현금을 꺼내던 고객이 구겨지고 찢어진 지폐를 들고 난감해한다. 본인도 무안한지 겸연쩍게 웃으며 내민다. 고객이 간 후, 한참을 곱게 펴느라 애를 먹는다. 내 돈이지만 영원한 내 것이 아닌 이상 심하게 다루지는 않아야 한다.

낙서하고 함부로 구기고 꼬깃꼬깃 접고 모양새가 말이 아니다. 마치 화풀이를 한 양 처참하게 망가져 있어 보기에도 안타깝다.

버려지는 데에도 엄청난 비용이 든다니 한 번쯤 곱씹어야 할 부분이다. 돈이 무슨 죄인가.

돈을 돈답게 쓰지 못하는 우리가 미안해해야 마땅하다. 많이 가져 부자가 되고 싶은 마음 따로, 막 쓰는 행동 따로 하지 말고 내 마음을 내 의지 대로 다스려보자.

지갑으로부터 복이 들어올지 모를 일이다.

약은 약이다

2012년 11월 15일부터 24시간 영업하는 편의점에서도 비상약 판매가 허용되었다. 약의 오남용과 부작용의 이유 등으로 우려됐으나 약국 문이 닫히는 심야 시간대의 유용함으로 허가된 것이다.

연령대별 타이레놀, 소화제, 종합감기약, 파스 몇 종류만이 허가되었다. 궁 옆의 편의점 문을 열면서 당연히 약 판매를 위해 교육을 받아야 한다고 생각했었는데 24시간 영업을 하지 않으니 약 판매가 불허라고 했다. 규정이어서 따라야 함은 마땅하지만, 관광지이므로 더 필요하다고 생각했다.

궁 전체를 관람하는 시간이 꽤 길어지고 많이 찾는 주말이나 공휴일에는 약국이 문을 닫는 경우가 많고 가까운 곳에는 약국이 없어 한참을 가야 하므로 합리적인 대응책이 있어야 한다고 판단했다.

관광지나 섬 같은 특수지역은 24시간 영업을 하지 않더라도 예외의 규정은 있어야 한다고 본다. 보건소에도 건의했지만, 담당 부서를 계속 옮기느라 지쳤고 구청에도 문의했지만 이미 법에 명시되어 안 된다는 답변이었다. 새로운 현안을 협의할 때 참고해 달라고 부탁했지만 물론 해답이 나오기 어려울 거라는 건 분명한 일이다.

아픈 건 정해놓고 고통이 시작되는 게 아니다. 막상 편의점 문을 열고 보니 관광객들의 호소가 이어졌다. 어떤 고객은 편의점에 다 판다던데 왜 여기만 없냐고 벌컥 화를 내기도 했다.

아이가 갑자기 열이 나 급하다고 할 때는 멀리 있는 다른 편의점 위치를 알려주는 것으로 대신할 수밖에 없어 미안하기만 했다. 어린아이를 키워 본 엄마이다 보니 그 급하고 애태우는 모습이 충분히 공감되기 때문에 내 아이가 열이 나고 아픈 것처럼 속상했다.

딸들도 어릴 때 여행만 가면 탈이 났었다. 한밤중 동동거린 적이 여러 번이어서 내 일처럼 맘이 쓰였다. 외국인들도 가끔 진통제를 찾았는데 여행지에서의 아픔은 더 예민하게 상황을 만들 것이어서 오히려 내가 더 안타까웠다.

다행히 마시는 소화제 종류는 있어서 나들이 나와 속이 편치 않아 고생할 땐 위기를 모면할 수 있다. 주말이나 공휴일을 앞두고 가스 활명수와 위생천의 발주는 세심하게 주의해야 한다. 일요일엔 물품이 오지 않아 제대로 확인하지 않으면 불편한 고객들의 발길을 돌리게 할 수 있어 신경을 바짝 쓰고 있다.

어느 날엔 깜박하고 발주를 못 넣었는데 속이 좋지 않았던 나부터 시작하더니 계속 표정이 심상치 않은 고객만 오고 결국 동이 나고 말았다. 이상하게도 그런 날이 있다. 고객의 상태와 내 처지가 상호작용을 하는 것처럼 묘하게 어우러질 때가 있는데 이렇게 아픈 게 일맥상통하면 괜스레 울적한 날이 된다. 그래서 작은 물약 하나 판매해도 서로 증상에 대해 이런저런 얘기 나누면 언제 그랬냐는 듯 속도 편해지는 느낌이 든다.

환절기나 독감이 유행할 때 인사하는 내 목소리가 조금 이상하게 들리면 감기 걸렸냐고 물어주고 따뜻한 차 자주 드시고 얼른 나으라고 걱정해주는 고객들이 있어 오던 병도 그 마음에 힘을 잃고 떠나버린다.

말 몇 마디가 병원 역할을 톡톡히 하는 셈이다. 약을 처방하는 의사처럼 관심을 보이고 정을 처방받아 거뜬히 이겨 낼 격려의 기운을 얻는다.

편의점에 아파서 약을 찾으러 오는 누군가도 내 걱정 어린 눈빛과 격려의 말에 아픔을 떨쳐 버렸으면 하는 바람이다. 비록 24시간 영업하지 않아 약은 안 팔아도 마음이 전해주는 약이라도 풍족하게 전해지기를 바라는 심정 간절하다. 우리 편의점에서 친절한 웃음에 파는 약은 위로와 용기를 주는 명약이기를 희망한다.

겨울 마음

추위가 맹위를 떨치는 한낮, 편의점에 오는 발길은 없고 마냥 앉아 있으니 손발이 시려 장갑을 끼고 무릎 담요를 덮고 오들오들 떨고 있었다. 물끄러미 장갑을 보니 막내 크리스마스 선물로 몇 해 전 사 준 거였는데 한 번도 외출할 때 끼고 나가는 걸 못 봤다. 서랍 속에 숨겨 놓은 듯이 구석에 있는 걸 꺼내 점포에서 유용하게 잘 끼고 있다.

겨울에는 추우니 길에 사람도 보이지 않고 방학이라 더 고즈넉하다. 이 풍경을 바라보며 여유로우면 좋은데 매출 하락으로 푸근하게 겨울을 즐길 수 없음이 조금 서글프지만 한적한 겨울의 쌀쌀함이 노동에 지친 몸을 쉬게 해 주긴 한다.

문에 걸린 종소리가 유난히 커 졸고 있던 눈이 커졌다. 경상도 사투리의 앳된 목소리가 울려 퍼졌다. 손난로를 찾아서 손으로 가리키니 둘이서 얼굴을 맞대고 이것저것 살펴보았다. '장갑은 얼마에요?' 생각보다 비쌌는지 대답에 힘이 빠졌다. 서울이 이렇게 추운지 몰랐다고 이구동성으로 외쳤다. 옷차림도 코트만 입어 온몸이 꽁꽁 얼어 보였다.

방학을 맞아 서울로 처음 여행 온 친구 사이인 둘은 비용을 아끼려는지 손난로를 두 개 사서 나누는 것 같았다. 카드를 전하며 얼핏 봤더니 손이 빨갛게 추위에 얼어 있었다. 서울 여행을 계획하며 얼마나 설렜을까. 옷장에서 옷도 꺼내어 입어 보며 거울 앞에서 모델 포스로 서 있어 보기도 했겠지.

그 친구들의 여행 이야기에 내 맘도 함께 그림을 그렸다. 나가기가 무섭다고 문을 열지 못하고 손난로를 양손으로 감싸 쥔 채 발을 굴렀다. '잠깐만요. 괜찮다면 이 장갑 주고 싶은데요. 새것이 아니라 미안해요. 많이 쓴 건 아니고 서랍 속에만 있던 건데 괜찮아요?' '어, 정말요. 장갑 사고 싶었는데 너무 비쌌어요. 감사합니다. 감사합니다.' 인사를 하고도 몇 번 고개를 숙이며 추운 겨울 거리로 나섰다.

딸들 나이 비슷해서 더 맘이 쓰였는지도 모른다. 둘만의 서울 여행이 장갑으로도 조금 더 포근하면 좋겠다고 거리를 한 번 더 바라봤다.

겨울이 다가오면 제일 먼저 손난로를 발주한다. 요즘은 종류도 다양해서 크기가 다른 손난로와 붙이는 핫팩 등 개성대로 고를 수 있다. 외국 친구들은 붙이는 핫팩을 선호해 한 번에 여러 장 사기도 한다. 장갑, 귀마개, 기모 마스크 등 계절별 상품들이 쏟아져 나와 보기만 해도 따뜻해지는 것 같다. 주로 장갑이나 귀마개를 사는 층은 젊은이들이다.

아무래도 편의점을 많이 이용해서 그런지 사실 잡화 가격이 좀 비싸서 중년층은 쉽게 손이 가지 않는 데 비해 젊은이들은 필요에 의한 구매를 하는 편이다. 식품과 비교하면 잡화의 원가도 세서 높은 가격과 정비례한다.

언젠가는 오토바이 배달 일을 하는 분이 너무 추워서 안 되겠다며 장갑을 사서 더 끼어야겠다고 구매했는데 '비싸니 더 따뜻하겠죠?' 하셔서 '그럼요.' 하고 밝게 대답했었다.

겨울 추운 길에서 찬바람을 피해 편의점에서 잠깐이라도 몸을 녹이러 들어오는 사람도 만나게 된다. 궁 담길 황량한 겨울 바람에 온기를 더해주는 역할을 맡아 이곳에 생긴 거라면 더없이 행복하다. 여행지에서 엄마 같은 맘으로 전해주는 따뜻함이 있다면 그들도 나도 세상 한 모퉁이에서 흐뭇한 미소 지을 수 있지 않을까.

그렇게 줄 수 있을 만큼의 여유라면 그게 부자인 거란 생각을 한다.

내 마음을 추운 겨울에도 전할 수 있는 넉넉한 삶을 살아가고 싶다.

안주 사랑

먹는 거라면 무엇이든 맛있게 잘 먹지만 건어물에 대한 애정을 빼놓을 수 없다. 밑반찬 종류도 거의 건어물 잔치다. 학창 시절엔 오징어를 구워 학교에 가져가 나눠 먹을 정도로 좋아했다. 덕분에 아이들에게서 인기 상승했고 등교하면 내 가방만 노리는 친구들이 있어 오징어를 잘 지키느라 애를 먹었다.

그런 내가 편의점을 하며 마른 안주류를 발주할 수 있으니 이보다 더한 기쁨은 없다. 70여 가지 상품이 나를 보고 선택해 달라고 하는데 신이 나서 눈이 반짝인다. 오징어류, 쥐포류, 정어리, 북어포, 노가리, 육포 등 다양한 상품을 들여다보는 재미가 쓸쓸하다.

궁 옆 점포나 궁 건너편 점포도 점포 크기와 비교하면 유독 마른 안주류의 상품이 많은 것도 그 이유가 한몫을 한다. 반면 남편은 오징어 냄새라면 방에도 못 들어 올 정도로 싫어해서 마른오징어를 굽는 날이면 아주 괴로워한다. 마른 안주류의 신상품이 들어오는 날엔 나와의 거리를 좁히지 않고 저만치서 다른 상품들만 정리하곤 한다.

그 날도 문득 쥐포가 생각나 따끈따끈한 신상을 꺼내 먹어 보고 맛나서 딸들도 주려고 판매대 위에 올려놓았다. 마침 맥주와 소주를 골고루 사 가는 고객이 내가 올려놓은 쥐포를 보고 안주도 주느냐고 웃으며 물었다. 내가 먹을 거라고 말하자 주인이 다 먹으면 안 된다고 얼른 사 가지고 나가며 서로 마주 보고 웃었다.

입맛이 다 달라서 내가 맛이 있다고 해도 같은 맛을 느낄 순 없으므로 이런 경우엔 걱정이 되기도 한다. 언젠가 젊은 친구에게 맛있다고 권했는데 정말 아니라고 강하게 얘기해 무안하고 미안하고 그랬었다. 그래도 먹는 얘기만큼은 열심히 해서 단골 고객이 점주 수다에 귀 기울여줘 고맙기만 하다.

마른 안주류 신상에 신나는 건 나만이 아니다. 알바하는 제자 원휴도 건네주는 거 맛보고 맘에 들면 집에 갈 때 사서 간다. 장단이 잘 맞는다. 상품이 들어오면 서로 이야기꽃을 피운다.

이러다 우리만 다 먹는 거 아니냐며 제자가 선생 걱정을 더해 준다. 재고조사팀이 오면 이해 불가 표정을 짓는다 했더니 박장대소다.

제자는 체중이 자꾸 상승 곡선을 탄다며 책임 전가하려는 동태를 보인다. 내가 좀 많이 먹고 많이 먹이긴 하나 보다.

편의점이 시간을 더해 갈수록 내 몸무게도 꾸준한 성장을 보이니 할 말이 없다. 좋아하는 식품 앞에서는 이성이 마비되며 왜 먹는지에 대한 이유가 분명하니 미식가가 아닌 대식가의 면모로 살아온 세월이다.

이제 어엿한 편의점 점주로 거듭나 이 모든 식품이 다 내 것인 양 해맑게 둘러본다.

지인들은 먹는 걸 좋아하더니 일로도 연관시킬 수 있다는 사실이 놀랍다고 한다. 해 오던 일과 전혀 다른 모습의 옷을 입고 망설임 없이 즐겁다면 최고의 선택이다. 시작이야 어찌 출발했

건 성실하게 오늘을 안으면 그만이다. 고민하고 걱정할 시간에 이 자리에서 더 행복할 수 있을지를 느끼기로 했다.

여러 가지 신경 쓰며 운영하는 점주의 자리이지만 먹을 거 좋아하는 순수한 첫 자리부터 시작하는 것도 나쁘지 않다고 진열대 한 번 휙 바람을 일으킨다.

긴 기다림

크리스마스 캐럴이 스피커를 통해 흘러나온다. 모두 얼굴 가득 웃음을 머금고 메리 크리스마스 인사를 나눈다. 정겹고 흥겹다. 세상 우울하고 고통 받는 사람 없이 이 인사만큼 기쁨이기를 바라는 마음 간절하다.

모두 같은 마음일 것이다.

축제에는 맛있는 음식이 빠질 리 없고 오랜만에 모인 가까운 사이에 정담을 나누며 웃음꽃이 피어난다. 그중 케이크도 꼭 장보기 목록에 들어가는 필수 상품이 된다. 편의점도 케이크 발주가 시작되면 미리 입지 조건을 고려해 여러 종류의 케이크 중에서 선택하고 개수를 입력한다.

주변 빵집도 있는데 편의점에서 무슨 케이크냐 하겠지만, 차별화된 상품의 출현에 예약 주문이 늘기도 하고 늦은 시각 갑자기 필요한 상황일 때도 판매가 많이 이어진다. 보기에도 먹음직스럽고 손대기에도 미안하게 예쁜 케이크 중에서 뭘 골라야 하나 쉽지 않은 시간이다.

우선 예약 주문한 고객들의 케이크는 실수하지 않으려 신중하게 개수를 입력하고 나머지 케이크를 고르기 위해 고심한다. 예약 발주가 성공하면 안성맞춤이지만 판매가 저조하면 다 폐기로 찍어 원가 손해를 감수해야 한다. 가족이 먹는 것도 한계가 있고 유통기한 지난 것을 남에게 줄 수도 없는 형편이고 그냥 버려지기도 하는 음식이 아깝기만 하다.

지구 곳곳에서 기아로 생명의 끈을 놓는 사람들 얘기에 가슴 아파하면서 우린 이렇게 폐기해 버리는 식품들이 있으니 이 상반되는 현실에 어쩔 도리가 없다.

케이크가 도착하고 진열을 마치면 고객들에게 알림 문자를 전송한다. 미리 금액을 결제하는 경우도 있지만 가져갈 때 계산하겠다는 고객들도 있어서 이쪽에서 강요할 수는 없는 일이다. 문자에 곧 가겠다고 답문이 오면 기다림이 밝아지지만 아무 답이 없고 시간이 흘러도 편의점에 오지 않으면 슬슬 애가 타기 시작한다.

다음날은 휴일이므로 오늘 가져가지 않으면 판매의 부담이 커지게 되는 건 당연한 이치다. 전화번호를 알고 있으면 다행이지만 바쁠 때나 깜박하고 예약 주문 고객의 연락처를 받아 놓지 않은 경우는 낭패가 아닐 수 없다. 결국, 자정이 되고 다음 날로 판매 특수를 기대해 보지만 거의 예상을 빗나가는 일은 드물다.

돈과 식품 모두 허공으로 달음박질한다.

노쇼다.

노쇼는 항공용어에서 유래되었다고 하는데 예약을 하고도 오지 않는 사람들을 뜻한다. 현대 사회가 발전을 거듭할수록 시민들의 의식 또한 함께 성장해야 함에도 현실은 그렇지 않은 모양이다.

일부러 안 간 것도 아닌데 문제 될 게 뭐냐고 하는 이들도 있을 터이다. 하지만 상대방의 입장은 아주 다르다는 것을 알아주었으면 한다.

지난여름 인터넷에서 많은 것을 담고 있는 한 장의 사진과 글이 이목을 끌었었다. 사진 속 식당은 꽤 큰 규모였는데 탁자 위에는 대다수가 식사할 가지런한 상차림이 준비되어 있었다. 아침에 한 통의 전화가 와 오전 11시에 90인분을 예약해 준비를 서둘러 시간에 맞추었다고 한다.

하지만 시간이 되어도 오지 않아 전화해 보니 예약을 취소한다고 하더란다. 내 일처럼 분개했다.

그게 그냥 한마디의 말로 끝날 일인가. 식당뿐만 아니라 병원, 공연장, 호텔, 미용실, 교통시설 등 곳곳에서 노쇼 현상이 빚어진다. 대리운전 하는 분들은 차 있는 곳까지 달려가는데 도착하면 다른 사람이 먼저 왔다며 그냥 돌아가라는 경우가 많다는 기사를 접한 적이 있다.

하룻밤 그런 일이 두 번 발생하면 일도 못 하고 추운 거리를 오가기만 한다는 거였다. 내 가족이라면 그렇게 할 수 있을까. 예약할 때의 상황과 다른 일이 생겨서 정말 부득이하게 못 갔으니 잘못은 아니라고 할 수 있다.

그러니 아닌 순간 빨리 연락을 취해서 피해를 최소화하는 데 조금이라도 도움을 줘야 한다.

서비스업은 이래도 저래도 다 이해해야만 하고 피해도 운명처럼 받아들여야 하는 건 아니다.

예약은 말 한마디의 통보가 아니라 약속이다. 도덕성의 문제인 것이다. 나라는 한 인간의 토대라는 걸 알아야 한다. 나 하나로 인해 수없이 연결된 고리들의 피해는 결국 책임감의 문제라 생각한다.

이렇게 돌이켜 보니 살아오며 나도 가볍게 말하고 지키지 않는 오류를 범한 적이 많은 걸 깨닫는다. 작고 큰 잘못을 저지르며 어른이 되었지만 배려를 못 하는 건 여전히 현재진행형이다.

이해인 수녀님은 다리라는 시에서 이렇게 말했다.

이미 건넌 사람은 건너지 못한 사람의 슬픔쯤 이내 잊어버린다고.

바쁘게 살아가지만 아주 가끔이라도 내가 지금 이 순간 제대로 가고 있는지 오늘을 되짚어 봐야겠다. 나의 작은 실수 하나로도 누군가에게 상처가 될 수 있음을 또 새기며 살아가야겠다.

먼 훗날 기본은 하며 살았노라고 나 자신에게 선물 하나 주는 소망을 두고 살아간다.

가방 안의 꿈

쓰레기봉투의 외침

커피나무

이유 있는 술자리

기계치의 반란

맵지 않아요

지키는 삶

먹고 또 먹고 감사하기

달걀이 달걀이지

만물상의 철학

넷. 먹고 또 먹고 감사하기

가방 안의 꿈

편의점 문으로 내다뵈는 하늘이 유난히 깨끗한 날이면 훌쩍 몇 가지 넣어 길을 나서고 싶은 방랑벽이 움튼다. 궁을 방문하는 관광객들을 많이 만나서일까. 늘 하늘 한 번, 땅 한 번, 사람 한 번 바라보며 내 안의 나를 본다.

하루도 빠짐없이 이른 아침 편의점 문을 열며 아직은 어둑한 하늘을 보며 심호흡을 한다. 또 새로운 아침을 맞았으니 가보지 않은 길을 걸을 마음의 준비를 한다.

여행 가방을 든 분이 생수와 물휴지를 판매대에 올려놓았다.

"여행 가시나 봐요. 부러워요."

"여행이면 좋게요, 출장 가는 길입니다."

자주 출장 간다는 그분은 가방만 봐도 싫다고 했다. 여행 가방은 단지 설렘만 주는 건 아니라는 걸 그때 알았다. 다른 사람의 것은 다 편안하고 좋아 보이지만 막상 인생이란 게 그렇게 꽃길만은 아니어서 지금의 내겐 절실한 것도 어떤 이에겐 정말 흔한 일이 되는 게 다반사이다.

내가 가진 여행 가방에 대한 환상은 일의 연장선인 이에겐 거추장스러운 짐이라는 버거운 존재이니 제각각 다른 모습으로 살아감을 인정하는 게 중요하다. 내 입장에서만 바라보고 해석하는 오만은 버려야 함을 살아가며 느낀다.

가족에게도 가족이란 이름으로 짐을 주는 건 아닌지 다시 살펴볼 일이다. 부모라는 역할을 강조해 나만의 관점으로 아이들의 미래를 결정짓는 건 아닌지 돌아본다.

가방은 가방일 뿐인데 내 안에서 상상의 나래를 펴는 것처럼 과한 열정이 모두를 힘들게 옥죄고 있는지도 모른다.

꿈도 진정성 있을 때 그 가치가 빛난다.

편의점에서 바라본 젊은이들은 참 예쁘다. 편의점 뒤편에 극단 사무실과 공연장이 있다. 학원 할 때부터 아동극을 할 때 초대해 줘 문화 체험을 듬뿍할 수 있어 극단 사람들을 만날 때면 고맙고 반가웠다. 편의점을 시작하니 더 자주 열정의 젊은이들을 만난다.

어린 시절 연극배우가 꿈이었기에 마주할 때마다 내 안의 희망도 함께 만난다. 여고 입학과 동시에 연극반 오디션을 보고 선생님으로부터 발성이 남다르다는 평가를 받고 설렘이 시작되었다.

인생이 내 맘대로 살아지진 않듯 먼 길로 돌아오며 마음 한구석 웅크리고 있는 소망이 있어 행복한 오늘이다. 내 안의 꿈처럼 청춘들의 열정이 느껴져 편의점에서 서로 얘기 나누는 이 시간이 참 좋다. 엄마 마음이 되어 뭐라도 하나 챙겨주고 싶고 힘내기를 바란다.

궁 마주한 또 하나의 편의점 옆에도 국악당이 있어 공연하는 청춘들을 많이 만난다. 허기진 배를 겨우 채우고 헐레벌떡 달려가는 그들의 뒷모습에서 우리의 희망찬 내일을 본다. 서로 티격태격하지만, 동료끼리의 진한 우정으로 그들은 꿈을 향해 열정을 불태운다.

주변의 인턴 기간을 끝내고 정사원이 되거나 직장 안에서 보이지 않는 경쟁을 하는 젊은이들도 늘 밝고 배려할 줄 아는 멋진 꿈들이다.

현대의 청춘들이 이기적이고 예의 없다고 걱정하지만 내가 만나는 이 젊은이들은 정말 싹싹하고 감사하는 마음이 가득한 바른 사람들이다. 우리의 젊은 날을 떠올리면 허점투성이인 완성되지 못한 날들이었으므로 이들의 오늘을 격려하고 도와주어야 할 것이다. 우리의 많은 경험을 공유하고 이끌어주는 넉넉한 기성세대가 되어 주며 함께 더 나은 길을 위해 손을 잡는 어른의 길을 걸어야 한다.

우리의 꿈이 성장하는 오늘을 살기 위해 늘 주위를 둘러보며 함께 하려 한다.

쓰레기봉투의 외침

따뜻한 계절에는 편의점을 찾는 발길에 바쁜 날을 맞이하지만, 곳곳에 쏟아지는 쓰레기로 정리의 달인이 되어야 한다. 수련회 온 학생들이 한꺼번에 찾아오면 작은 편의점 안은 한 치의 틈도 없이 꽉 차 숙련된 손놀림이 필요하다.

시간이 흐르고 조금 정신을 차리고 주위를 둘러보면 길가에 널브러져 있는 흔적을 만나게 되고 그러면 곧장 달려 나가 치워야 한다.

십 대 청춘들의 뒷모습은 참으로 그들만큼 솔직해서 차가 있는 곳으로 빨리 가야 하는 생각만으로 일방통행이었다. 도로에까지 튕겨 나간 음료수 캔이며, 햄버거 찌꺼기, 빨대 등 잠깐의 방문이라고는 믿기 힘든 상황이 된다. 엎친 데 덮친 격으로 지나는 사람들마저도 보태어 금방 거대한 산을 이뤘다.

사람 마음이 그렇다. 혼자였을 때는 절대 안 할 일도 다른 사람들이 먼저 하는 걸 보면 잘못이라는 생각을 못 하게 되고 이쯤이야 뭐 어때 하는 마음의 결정을 따르게 된다. 지금까지 나도 그런 편이라 크게 원망할 수 없는 처지이고 보니 마음 다스리기에 급급하다.

먹는 공간이 이 층에 마련된 뒤로는 그곳의 쓰레기통은 본래의 존재 의무를 이행하지 못하고 신음하고 있다. 어느 때는 콜라를 흔들고 캔 뚜껑을 열었는지 온 사방 흰색 벽에 콜라 물방울로 디자인을 이루었고 바닥엔 끈적끈적한 발자국으로 난장판이 되기도 했다. 어지르고 버리는 데는 애어른이 따로 없어 치우는 내내 마음을 못나게 만들었다.

여러 명이 와서 이 층 안내했는데 음료를 조금만 사더니 조금 있다 내려와서 숟가락을 달라고 했다. 도시락을 사는 고객에게 서비스 차원에서 주는 거지만 그것도 다 편의점에서 구매하여 비치하는 거라 원하는 만큼 줄 수 없는 노릇이다. 이런 사실을 내가 직접 편의점을 해 보고 알게 된 사실이다.

예전엔 나도 고객일 땐 가져가는 게 당연한 권리쯤 된다고 생각했었으니 고객의 요구도 이해가 간다. 여러 개를 원해서 작은 것으로 주며 약간 이상하게 생각되었었다. 한참 지나 알바 친구가 오고 이 층에 올라가 정리하려고 들어가니 케이크 상자와 그 외에 다른 쓰레기가 쓰레기통을 삐져나와 있고 일부는 바닥에 뒹굴고 있었다.

음료 한두 개 사서 이 층에 올라가 생일잔치를 연 모양이었다. 양심은 어디로 보낸 건지 알 도리가 없다. 배려나 미안함 따위는 애초에 쓰레기통에 버려둔 건지도 모른다.

문제는 혼자 편의점에 있을 때도 이 모든 것을 신속하고 완벽하게 해내야 하는 데 있다. 하지만 고객의 발길은 계속되고 창 밖의 쓰레기는 날 부르고 개운치 않은 맘으로 안에 있어야 하는 건 지독한 고문이다.

고민 끝에 방법을 찾았다. 학생들이 방문하면 먼저 소리쳐 부탁한다. 쓰레기 길가에 버리지 않는 아름다운 뒷모습을 부탁한다고 하면 정말 신기하게도 현저히 줄어든다. 그중 솔선수범하는 친구들이 있어 책임감으로 정리한다. 십 대의 진정성 있는 태도를 보며 내 판단이 잘못되었다는 걸 깨달았다.

무조건 안 된다고 푸념하지 말아야겠단 생각을 하게 됐다. 작정하고 하는 행동이 아닌 것에는 적절한 지도와 격려가 따른다면 충분히 의미가 있다. 시도해 보지 않고 지레 안 되는 일이라고 못을 박는 내 식의 결정은 오해를 불러일으킨다는 걸 또 한 번 느끼게 되었다. 이래서 체험은 중요하다. 살면서 또 새로이 사고의 전환을 맞이한다는 게 새삼 소중하다.

아주 사소한 일에도 마음의 고요가 필요한 듯하다.

커피나무

어디에 가도 친근한 벗이 있다.

곳곳에서 친숙하게 볼 수 있고 가까이할 수 있어 더없이 좋다. 누군가는 진한 속성으로 인해 속이 거북하기도 하고 일상생활에 피해가 오기도 해 멀리하지만 아주 많은 사람은 하루라도 안 만나면 허전해 견딜 수 없어 한다.

커피의 오랜 이야기는 6~7세기경 에티오피아의 어느 목동이 수도사에게 준 붉은 열매를 악마의 것이라 여겨 불 속에 던졌는데 불에 탄 열매에서 난 독특한 향을 느낀 수도사들이 오늘날의 커피로 발전시켰다고 한다.

한 목동의 관심과 수도사들의 부지런함이 오늘 우리에게 매일의 향기를 주고 있다는 게 참 오묘하다.

궁 근처에는 관광객의 발걸음도 많고 회사들도 있어 유독 커피 전문점이 즐비하다. 우리 편의점 양옆에도 아침마다 커피 향으로 이끌고 있어 커피와의 친근한 만남이 마냥 즐겁기만 하다.

편의점 문을 열며 각 편의점에도 커피 자판기가 아닌 원두를 갈아 판매하는 기기가 있다는 게 신이 났다. 원두에 대해선 문외한이지만 그 나라까지 직접 가서 들여온 거라니 좋은 것이려니 한다. 거기에다 저렴하니 지인들에게 마음 편히 건넬 수 있어 금상첨화다.

알고 마시는 게 아니라 사방에 퍼지는 향이 좋아 자주 마시는 것은 곁에 있다는 게 편하고 친구같이 다정해서이다. 아침이면 밴드에 커피 사진이 올라오는 것도 좋은 하루의 시작을 바라는 다정하고 따뜻한 마음이라 여겨진다.

커피를 찾는 고객 중에는 커피에 관해 조예가 깊은 분이 많아 배우는 게 많다. 다 채워졌을 때 노르스름한 거품이 일면 좋은 원두라는 것도 알게 되었고 커피 뚜껑이 안 닫힐 땐 가운데를 살짝 누른 다음 가장자리를 두루 만져주면 된다는 것도 배웠다.

노신사가 뚜껑이 잘 안 된다고 잘못 만든 거 아니냐며 조금 짜증을 내니 옆에서 상품을 보던 어떤 분이 친절하게 알려 준 것이다. 좀 창피했던지 황급히 노신사가 나가고 우린 서로 마주 보며 웃었다.

커피를 찾는 분 중에 연세 지긋한 분들은 직접 컵을 놓고 원하는 커피를 누르면 스스로 갈아서 진액이 나오고 그다음 물이 나와 적정 수준의 커피를 만들어 내는 기기를 잘 이해하지 못한다. 대뜸 한 잔 뽑으라고 명령조의 어투로 말한다. 편의점 고객이 없을 때면 컵을 놓고 아메리카노 눌러 드리는데 계산중이면 난감하다.

젊은 친구들은 이상한 사람 쳐다보듯 하지만 정작 당사자는 왜 쳐다보는지 이해 불가란 표정이다. 그분들은 나름대로 그런 행동이 당연한 거라 여기니 무조건 이상하다고 판단할 수는 없지만 그래도 시대의 흐름에 시선 돌리는 전환점은 있어야 한다고 여겨진다.

종이에 담겨 있는 설탕도 휙 뿌리고는 아무 데나 버리고 가서 떠난 뒤 정리하며 고운 마음을 가질 수 없게 한다.

하지만 젊은 세대보다 더 잘 이해하는 분들도 있어서 때로는 그 여유로움을 닮아가야겠다고 되새기기도 한다. 그분들은 도움에 정중한 인사로 마무리해 노년의 멋진 모습을 배우고 싶은 마음이 일게 한다.

늘 상반된 사람들의 모습에서 어찌 살아가는 게 옳은 길인지 보고 가슴으로 느끼며 산다. 기본 이하일 때는 화도 나고 쓰레기 치우며 모난 소리도 하지만 이렇게 나 자신을 객관화시켜 볼 수 있는 시간이 주어짐에 감사한다. 세대 간의 충돌도 깊이 이해할 수 없었을 시간인데 여러 경우를 경험하며 겸손이 정말 중요하다는 것도 느껴 내겐 다행이라 쓰다듬은 그동안이다.

커피나무가 주는 교훈이다.

이유 있는 술자리

연말이다.

우리 민족만큼 술과 친한 사람들이 있을까 싶을 정도로 한 잔의 유혹은 매일 넘쳐난다. 노을도 사라진 짙은 하늘이 어둠의 공식처럼 편의점에 뛰어와 숙취 음료를 찾는다.

모임마다 가는 한 해를 아쉬워하며 함께 하자는 연락을 뿌리치지 못하고 정을 나누기에 동참하다 보니 술 한 잔의 여파가 이어지는 때이기도 하다.

모두가 괴로워하며 숙취 음료를 사서 급하게 마시지만, 그 뒷모습엔 우리나라만의 정겨움도 배어 있다.

얼마 전 편의점에서 일 년 동안 가장 많은 판매를 올린 품목을 보니 대부분의 편의점이 얼음컵에 담아 마시는 음료가 최고의 자리에서 빛났고 술이 차지하는 부분도 꽤 있었다.

더운 계절이 일 년 중 차지하는 비율이 커지니 음료의 판매가 느는 건 당연할 것이고 사계절 내내 계속되는 품목에선 단연 술이 위풍당당 뽐내고 있다.

판매대에 매일 있어도 외국인들의 맥주 사랑, 우리나라 중년의 소주 사랑까지 맨날 술이야 라는 노래 제목이 있듯 애주가의 술 사랑에 놀라고 만다. 술이 술을 부르니 매일 안 마실 수 없다는 항변도 있지만, 게스트하우스 근처의 편의점만 보아도 외국사람들의 계속되는 술 사랑을 알 수 있다.

술은 술이니 마시고 즐거워지는 분위기로 끝나면 좋은데 그게 잘 안 된다는 게 문제다. 이 층에 먹는 공간이 없을 때 쉬어갈 자리가 있으면 좋겠다는 생각에 편의점 문 앞에 아주 작은 테이블과 의자를 놓아두었었다.

편의점 안에서는 음주가 법적으로 허용이 되지 않지만 문밖에서는 가능하므로 맥주 한잔하는 고객은 궁 담을 바라보며 먹는 운치도 좋다며 쉬어가곤 했다.

어느 날인가부터 매일 저녁 시간 맥주와 안주를 먹는 고객이 있었는데 날이 갈수록 점점 양이 늘더니 급기야 취하는 일이 잦아지기 시작했다. 판매를 거부할 수 있는 권리도 있기에 취했다 싶으면 그만 들어가시라고 권하기도 했지만, 술 찾는 사람에겐 별 의미가 없는 일이기도 했다.

급기야 우려했던 일이 일어나고야 말았다. 문 앞에 앉아 편의점에 들어서는 젊은이들에게 계속 말을 걸며 불편한 상황을 연출했고 젊은이들은 불쾌한 기색을 감추며 오히려 내게 정말 괴로우시겠다고 위로하며 돌아갔다.

그만 가시라고 강력하게 말한 다음 지하에서 카페를 운영하는 사장님께 도움을 청했다. 아는 분이라 술 취해 어르신께 막말하는 그 순간을 잘 참아주셨고 다행히 다음 날부터는 얼굴을 마주하지 않아도 되었다. 무서운 일이 하루가 멀다고 일어나니 뭐라고 막 해 댈 수도 없고 사람을 대하는 직업의 고단함이 이런 게 아닐까 싶다.

동네 어르신은 매일 낮에 들러 맥주 캔 하나를 사가셨다. 가끔 자식 얘기도 하며 노년의 허허로움을 털어놓기도 했는데 어느 날은 부쩍 더 힘들어하셨다. 그러더니 막걸리와 맥주를 두 번

사가며 공원에서 먹고 집에 가야겠다고 하셨다. 집에 가셔서 드시라 했더니 그것도 싫다 하셨다.

얼마의 시간이 지났을까. 바로 옆 공원 계단 앞에 119구급차가 보이고 웅성거렸다. 가서 보니 그 어르신이 쓰러져 있어 가슴이 철렁해 이유를 물으니 계단에서 넘어지셨다고 했다. 늘 드시던 양보다 많이 구매 하는 것을 말리지 못한 걸 후회했다. 아차, 싶었는데 걱정했던 일이 일어나고야 말았다.

며칠 뒤 괜찮다며 다시 편의점에 오셨는데 또 술을 산다고 하시기에 절대 안 된다고 했더니 불같이 화를 내며 나가신 후엔 편의점에 더는 오지 않으셨다. 자식 걱정, 앞으로 다가오는 시간에 대한 두려움으로 노년의 문화에 술이 빠질 수 없다. 밥 드시면서 조금 약주 하면 좋은데 여러 여건이 어르신들을 술에 젖게 만들어 마음이 아프다.

돌아가신 친정아버지의 노후를 보는 것 같아 마음이 더 아려온다.

술자리엔 늘 이유가 있고 사연이 넘친다.

세상이 늘 아름다울 수야 없지만, 술을 나누는 자리가 아픔을 남겨선 안 된다. 술에 이기는 장사 없다고 했다. 술이 많이 팔려 매출에는 도움이 된다고 해도 반대의 효과라면 반갑지 않다. 술자리가 즐거운 만남의 시간을 허락했으면 하는 바람이다.

기계치의 반란

난 유명한 기계치다.

잘 모르는 걸 떠나서 심지어 만졌다 하면 부서지고 고장이 난다. 가전제품을 새로 구매해도 설명서의 통독을 거부한다. 책은 좋으나 각종 설명서는 꼬부랑글씨처럼 해독이 안 된다. 모든 지식의 체계 구조가 극과 극이다.

이런 내가 첨단 시대의 편의점 점주가 되었으니 겁 없이 뛰어든 후유증이 크다. 매달 행사가 바뀔 때마다 함께 전해져 오는 수많은 현대 사회의 소통의 현주소가 내게는 도대체 이해하기 어려운 소식이어서 난관에 봉착한다.

거의 매일 아침 편의점 문을 여는 나와 동시에 찾는 택시기사님이 있다. 그분은 적립금을 차곡차곡 모아 꼭 필요한 상품을 구매하고 스마트폰을 통한 멤버십 쿠폰을 적절히 잘 이용한다. 어찌나 꼼꼼한지 허투루 막 쓰는 법이 없다.

내가 잘 모르는 부분이 있으면 열심히 내게 설명해주고 가르쳐 주지만 알아듣지 못하는 무지함으로 답답함을 선사할 때도 있다. 내가 먼저 숙지하고 고객에게 장점을 부각해 조금이라도 이익이 돌아갈 수 있도록 도움을 주는 입장이어야 하는데 주객이 전도되어도 한참 잘못됐다.

방방곡곡 다니는 터라 각 편의점의 성격을 누구보다 잘 이해해 내게 조언과 격려를 아끼지 않는다.

고마운 고객이다.

편의점 문을 연 다음 날 아침, 한 직장인이 기프티콘을 쓰겠다며 숙취 음료를 올려놓았다.

전날 술을 무척 마셨는지 괴로워하는 표정이 역력했다. 지금이야 상품 찍고 전화기의 바코드를 찍기만 하면 되는 아주 간단한 작업이라는 걸 알지만, 그때는 이른 아침 나 혼자 문을 열고 고객만 들어와도 긴장의 심호흡을 할 때라 포스 자체가 식은땀

나는 두려움이었다. 갑자기 하얘지며 아무것도 생각이 나지 않았다.

서비스를 눌러 각 코너를 다 눌러보아도 삑 소리를 내며 거부하고 초조한 마음에 허둥대고만 있었다. 속도 편치 않은데 앞에서 계속 눌러대고 소리 내는 나를 보고 어이없는 표정을 짓는 그를 그냥 돌려보내야 했다. 마음 같아선 내가 대신 상품 값을 지급하고 숙취로 고생하는 그에게 선물하고 싶을 정도였다.

지금까지도 선명하게 그 사람의 표정이 떠오르는 걸 보면 내 미안함의 강도가 엄청났었던 거였다. 나 같았으면 내 괴로움으로 화냈을 텐데 아침의 헛걸음에도 내 사과를 받아주어 진정 고마울 뿐이다.

기계치의 미숙함으로 고생하는 건 고객뿐만이 아니다. 포스 회사에도 조금만 안 되면 전화해서 물어봐 그들의 고충이 말도 못할 만큼 클 거라 짐작된다. 아침마다 포스에 열쇠를 꽂고 켜는데 언젠가부터 화면이 나타나도 손으로 눌러지지 않았다. 포스는 손가락의 건드림으로 모든 계산이 처리되는데 난감했다.

전화해 회사에서 원격으로 작동하면 다시 잘 되다가 아침에 새로이 켜면 또 묵묵부답이었다. 매일 아침 전화하니 그들도 뭔가 이상하다고 판단했는지 노력해볼 때까지 해보다 안 되면 바꾸어야 하지 않겠냐며 팀장이 방문했다.

아무리 둘러봐도 이상이 없으니 밤에 끌 때 어떤 순서로 하는지를 물었다. 문제는 거기서 부터였다. 순서를 무시한 채 껐던 것이 아침에 켜는 순간에도 영향을 준 것이었다. 기계는 아무 문제가 없는데 그것을 작동하는 사람의 손이 함정이었다. 미안하고 또 미안했다.

투미한 내가 이래저래 사고뭉치다. 고집이 세서 그런지 내가 모른다고 생각한 분야엔 눈길조차 주지 않는다. 폭넓은 사고를 저해하는 요인일 것이다. 편의점 점주가 된 이상 모른다고 돌아갈 일이 아니다. 모르면 배우고 깨우쳐서 현대의 발 빠름에 환승하는 점주로 거듭나야 한다.

기계치의 반란을 일으킬 때다.

맵지 않아요

얼마 있으면 중학생이 되는 제자가 편의점 문을 밀고 들어온다. 누나와 형이 있는 삼 남매의 막내다. 심부름은 언제나 자기 몫이라며 투덜대지만 장보기가 즐거운 듯 눈은 웃고 있다.

꽉 찬 바구니를 내려놓는다. 뭘 이렇게 많이 사느냐고 물으니 똑같은 걸 세 개씩 사서 각자 먹을 거란다. 떡볶이 세 개, 치즈 여섯 개, 음료수 세 개, 라면 세 개씩 사며 신이 났다.

가고 나니 뭘 좀 더 줄 걸 그랬구나 싶었다. 어린데도 매운 걸 잘 먹으니 기특했다. 난 이 나이에도 매운 걸 잘 먹지 못해 보기만 해도 열이 오르는 것만 같았다. 남편과 나의 식성도 극과 극

체험이어서 외식 때 카레 전문점에 가도 남편은 가장 매운맛으로 나는 제일 순한 맛으로 먹으며 서로의 음식을 신기한 듯 바라본다. 색으로도 극명히 다른 맛은 그렇게 서로의 개성을 읽는 듯하다.

내 식성이 그래서인지 외국인의 매운맛 사랑에 깜짝 놀란다. 갑자기 바람이 세어진 날이었다. 한 외국인이 왔는데 옷차림도 가벼워 보기에도 온몸이 얼어있는 듯했다. 더운 나라에서 왔다는 게 실감이 나리만치 덜덜 떨고 있었고 옷소매 사이로 나온 손이 빨갛게 추위에 젖어 있었다.

뭔가 몸을 녹일 따뜻한 음식을 찾는 듯해 어묵탕을 권했다. 잠시 주춤하더니 두리번거리며 냉장 음식 있는 곳에서 떡볶이를 발견하고는 함박웃음을 지었다. 계산하더니 좀 도와달라고 말하며 살며시 웃는 얼굴이 순수해 참 예뻤다.

비닐 포장 안에 있는 떡 위에 소스를 뿌려 물을 약간 부은 다음 뚜껑을 살짝 덮고 전자레인지에 넣어 돌리면 된다.

중간에 젓가락으로 저어주면 더 양념이 골고루 밴다. 3분여가 지난 후 김이 모락모락 나는 떡볶이를 꺼내 주니 얼른 젓가락을 받아든다.

맛있게 먹는다. 추우면 국물이 더 나을 거로 생각했는데 아니었나보다. 잠깐 사이에 싹 다 비운 걸 보니 매운맛에 익숙해져 있는 듯했다. 추위도 매운맛으로 다스리는 진정한 강자다.

그 친구가 고맙다고 인사하고 떠난 후 내 입에도 침이 돌며 친구들과 먹던 분식집의 떡볶이가 갑자기 그리워졌다.

통만두와 튀김과 어우러진 떡볶이는 우리에게 최대의 선물이었다. 디제이 오빠에게 시 한 구절 보태어 노래 한 곡 부탁하는 쪽지를 보내고 내가 신청한 음악이 언제 나올지 기다리며 먹던 그 떡볶이의 맛을 이제는 느낄 수가 없다. 그 맛은 영원히 추억에만 머물고 있어 가슴에서만 맴도는 노래가 됐다.

외국인들은 매운 걸 먹지 않을 거라는 막연한 생각은 스파이시를 외치는 이방인들을 보며 내 생각과 많이 다름을 느낀다. 한국의 입맛을 좋아하고 사랑하는 그들이다. '좋아요, 맛있어요.'를 웃으며 물어보는 그들에게 자랑스럽게 또박또박 가르쳐 준다.

문화라는 게 이렇듯 서로 다른 우리를 순간 하나로 만들어준다. 편의점을 하며 가장 가까이에서 이방인들과 만나며 우리 문화의 한 면을 소개하고 알려줄 수 있음이 행복하다. 비록 그들의 미소가 관광객의 예의라 해도 그들에게 최선을 다해 한국의 멋을 알리고 싶다.

편의점이 있는 이곳은 우리 문화의 우수성이 함께 하는 곳이어서 우리의 말과 행동 하나하나가 그들에게 전체의 모습이라는 걸 잊지 않는다. 작은 모습 하나하나에 책임을 싣고 우리를 소개하는 데 앞장서는 게 내 몫임을 느끼며 열심히 살아간다.

지키는 삶

물만큼 좋은 건 없다.

선조들도 물 따라 이동하며 살았고 인류의 역사가 물줄기 따라 이어졌다. 옛이야기를 들춰보면 유독 물에 관한 이야기가 많고 판타지 세계에서도 물에서 기인하는 줄거리가 우리의 눈과 귀를 사로잡는다.

물은 우리의 생명줄이요, 우리의 근원이다.

편의점에서도 생수를 찾는 발길이 늘 이어진다. 물은 사계절 상관없이 부동의 자리를 지킨다. 관광지의 특성에 따라 주말에 생수의 매출이 높다. 외국인들은 2L 페트병을 사서 들고 다니며 마신다.

반면 우리나라 관광객들은 둘 더하기 하나 행사를 좋아해 무거워도 생수를 한 번에 많이 산다. 함께 온 사람들과 나눠 마시기에 기꺼이 무게를 감수한다. 물에서도 문화의 다름이 느껴지고 물과 이어온 우리의 긴 시간을 생각한다.

물품 옮기고 상자 정리하고 진열하다 보면 추운 겨울에도 등줄기에 땀이 흐르고 어김없이 목이 마른다. 일 끝내고 마시는 물의 맛은 기가 막히게 맛있다. 무색무취의 물맛이 다르다는 역설적 표현에도 당당히 맞설 수 있는 물맛이다.

그날도 급한 김에 냉장고 문을 열고 생수 한 병을 꺼내어 뚜껑을 열어 마시는데 목구멍에 미처 넘어가기도 전에 들이킨 휘발유 냄새에 멈칫했다. 코에 들이대고 킁킁거려도 그 냄새는 쉬이 가시지 않았다. 내 감각기관이 이상한 것인지 미심쩍어 주변 사람에게도 맡아보라 하니 똑같은 반응이었다.

뭔가 이상한 느낌이 전해져 오고 본사에 전화해 회사명과 이름과 용기에 담은 날짜도 말해 두었다. 그리고 문제의 그 회사에 전화를 했다. 이미 비슷한 경험으로 별 기대하진 않았으나 역시나 예상은 적중했다. 아직 다른 곳으로부터의 신고가 접수

된 게 없으므로 담당 직원의 방문을 통해 서로 얘기 나눠보라는 통상적인 답변이었다.

먹는 건데 한 사람의 전화에도 심각성을 가지고 해결의 실마리를 만들어야 하는 게 이치에 맞는 것으로 생각하는데 번번이 조직에 대한 실망만 안고 있다. 그리고는 이틀이 지난 뒤 담당자가 와선 생수를 가져가며 자체 검사를 하고 결과를 알려주마고 약속했지만, 회사만의 검사는 믿을 수 없다고 다른 기관의 검사도 진행해 달라고 부탁했다.

시간이 흘러 그 냄새는 유통 과정에서 생긴 것으로 결론이 나고 그 날짜분의 생수는 회수해 갔다. 물론 그 과정에서 다른 편의점들의 항의 전화도 있었고 그때야 조금 더 빠르게 움직인 것뿐이다.

업체에서는 언제나 말한다. 고객 한 사람의 의견도 소중히 생각한다고. 나도 편의점 점주이기 전에 한 사람의 고객이다. 고객의 편에 서서 귀 기울여 듣고 입장 바꿔 고심해주는 자세를 바라는 건데 늘 문구 이상의 진정성을 찾기 어려울 때가 많다.

점주의 입장이 되어 반대편 고객을 떠올린다. 이곳에서 누군가도 그런 마음을 가질 수 있는 건데 점주의 책임감이 배가 된다. 고객의 소리가 중요하다는 걸 언제나 잊지 말아야 한다. 아무리 상품에 신경 쓰고 진열에 열중해도 가장 중요한 건 고객의 한 마디의 질타에 집중하는 거로 생각한다.

보이는 거에만 치중하지 말자고 곱씹는다.

이 자리에서 사람과의 관계를 잘 지켜나가는 진정성 있는 한 사람이 되어야 하리라.

먹고 또 먹고 감사하기

친구들은 늘 내 걱정을 한다.

하루를 편의점에서 보내는 친구가 먹고는 있는지 연락할 때마다 확인한다. 잘 먹는다고 하는데도 오가는 길에 밑반찬도 챙겨주고 간식거리와 밥도 갖다 주고 편의점 하게 되면서 응석받이가 되었다.

당뇨병 있는 친구가 제대로 먹고 있는지 노심초사한다. 병도 처음엔 매우 걱정거리였는데 오히려 일을 하니 가만히 앉아 있는 것보다 낫고 에너지를 쏟을 데가 생겨 더 활기차 별문제가 아니었다.

먹는 것도 생각하기 나름인데 일하고 나면 배고파 무조건 맛있게 먹어 지니 즐거이 먹을 수 있다.

다들 주부이고 엄마라서 내가 먹는 먹을거리에 진한 부정의 시각을 보내지만 사실 편의점 음식이라고 무조건 몸에 안 좋다고 생각하는 건 무리가 있다.

물론 패스트푸드의 문제점은 심각하다. 첨가제를 넣어 자극적인 입맛에 의존하기 때문에 그것만 먹고 있다면 건강상 위협을 받을 것이다. 하지만 편의점에도 얼마든지 건강을 생각하며 먹을 수 있는 음식이 많다는 걸 여기 들여다본 후에야 알 수 있었다.

내게 맞는 걸 행복하게 먹으면 그게 복이라 생각한다. 아무리 산해진미가 앞에 있어도 불편한 상황에 억지로 먹으면 그게 독이 될 수 있음을 이 나이 들어 어깨너머로 알게 된다. 모든 게 내가 어떻게 받아들이는 지가 중요하다.

두 점포를 운영하면서부터는 알바 친구들을 다 부를 수도 없고 남편과 하나씩 맡아 체력전을 펼치고 있다.

한 곳은 밤 한 시에 문을 닫아 아침 6시에 열고 또 한 곳은 24시간 운영하니 점주 둘이서 열심히 하고 있지만, 인건비가 만만치 않아 마냥 즐길 수만은 없다. 지역적으로 계절의 차가 커서 일 년 열두 달 일에 매진한다.

좋아하지 않고선 버틸 수 없는 일이다. 무엇을 하든 재미있어야 능률이 오르지만 이렇게 은근히 일의 양이 과한 상황에서 늘 초심을 지켜나가는 건 쉬운 일은 아니니 마음의 완급 조절이 필수 항목이 된다. 그래도 다들 힘든 상황에서 이만큼 사는 걸 감사하게 여긴다.

더울 때 시원한 곳에서, 추울 때 따뜻한 곳에서 일하는 거 하나만으로도 다행이고 경제적으로도 아주 힘들지는 않으니 더 높은 곳을 보며 우울할 필요는 느끼지 못한다. 돈도 내 아이들 먹고 싶은 거 사 줄 수 있고 친구들 오면 밥 한 끼 사 줄 수 있는 여유가 있으니 큰돈 부럽지 않다.

내게 없는 걸 좇느라 허송세월하고 싶지 않다. 오히려 내가 가진 걸 나누어주는 의미 있는 삶을 살고 싶다. 비록 늘 만족하는 삶의 모양새는 아니어도 가치 있는 것에 마음을 빼앗기며 토닥이며 살아가는 게 내 작은 소망이다.

언젠가부터 하루하루 감사하다고 무의식적으로 말하는 버릇이 생겼다. 그냥 한가할 때 무심코 앉아 있다가 고객이 들어서면 입 밖으로는 '안녕하세요.' 하며 인사하지만 속으로는 '감사합니다.'를 읊조린다. 감사한 마음으로 살자고 처절하도록 굳게 마음먹은 건 아니지만 그래도 억지로라도 해 보자고 마음먹었었다.

타고난 천성이 다혈질이어서 진상 고객 다녀가면 속에서 불이 나고 남편과 다툴 때도 화를 다스리지 못해 늘 반복된 모습으로 얼굴을 붉히지만 그런데도 한구석에서 감사하다고 주문을 왼다.

내 주위를 둘러싼 모든 것에 감사하기.

영원히 이어질 내 삶의 목표다.

달걀이 달걀이지

찜질방이 보편화하면서 우리에겐 하나의 약속처럼 되어버린 국민 간식이 있다. 바로 구운란과 식혜다. 불가마니 안에서 땀을 빼고 나오면 누구나 할 것 없이 상대방 이마나 바닥을 치며 달걀 껍데기를 벗겨내고 윤기 흐르는 구운란을 한 입 베어 물고 빨대 꽂은 식혜 통을 잡고 쏙 시원한 식혜를 빨아들인다.

그 맛에 딸들도 어릴 적 찜질방에 따라 다녔다. 이제 어디 가도 구운란을 쉽게 만날 수 있고 외국인들도 그 달걀 맛에 흠뻑 빠진다.

편의점에도 달걀의 종류가 다양하게 판매되고 있다. 이 다양함이 주는 혜택을 우리 모두 누리고 있지만, 또 어떤 때는 이것으로 인해 낭패를 볼 때도 있다. 내 짧은 언어의 세계가 빚어낸 혹독한 결과이기도 하다.

어스름해지는 오후와 저녁 사이쯤 되었을까. 외국인이 냉장진열대 앞에서 계속 두리번거렸다. 그러더니 날 한 번 쳐다보고 캔 유 스피크 잉글리시 하는 거였다. 난 언제나 이 질문만 받으면 창피하기보다는 미안한 마음이 앞선다. 영어 좀 잘하면 얼마나 좋을까.

내 앞에 있는 이 사람이 도움을 요청하는데 언어가 안 돼 척척 해 줄 수가 없으니 안타까운 현실이 된다. 사람 귀도 참 신기한 게 말은 못해도 이렇게 많은 외국인을 만나다 보니 무슨 말을 하는지는 조금 이해가 되기 시작한다.

다음 목표를 잡으라면 당연 영어 공부다.

외국인은 쉽게 대답하지 못하는 나를 뚫어지게 쳐다보았다. 빠르게 말하는 바람에 순간 놓치고 말았다. 에그만 또렷이 들려와 얼른 나가 달걀을 가리켰다. 맨 아래 칸 왼쪽에 있어서 보지 못했는지 '오,' 하고 이해한 듯 끄덕였다.

잠시 생각하더니 하나를 원하는지 손가락을 들어 보여 라면에 넣어 먹는 낱개 포장의 생달걀을 권했다. 찾고 있던 게 맞았는지 짧은 탄성을 지르며 계산을 했다. 이제 가려나 했는데 갑자기 시식대 앞으로 가더니 내가 막을 사이도 없이 달걀을 탁 하고 내리쳤다.

'아, 이 사람은 구운란을 찾았구나.'

이 일을 어쩌란 말인가.

외국 사람의 그 표정을 잊을 수가 없다.

달걀은 그저 달걀일 뿐인데 일이 완전히 꼬여버렸다.

근처 게스트하우스에 장기 투숙하는 외국인이 있다. 대화는 나누지 못하지만 늘 밝게 인사한다. 자주 보니 인사만으로도 친숙해지는 느낌이 들었다. 맥주와 안주를 사 가는 편이어서 판매대에서 고맙다는 인사에 '감사합니다.'를 발음도 정확하게 잘 말하곤 했다.

그 날은 술은 사지 않고 에그를 찾기에 지난번 그 외국인이 갑자기 생각나 구운란 두 개 포장된 것을 주었더니 웃으며 인사하고 헤어졌다. 얼마 지나지 않아 웃음기가 사라진 얼굴로 구운란을 들고 와 내 앞에서 빠른 영어로 말했다.

'아, 이 사람은 생달걀을 원한 거였구나.'

소통을 못 한다는 게 이런 일을 만들어 낸다.

달걀 하나로 두 외국인에게 황당함을 안겨주었으나 그들은 그저 괜찮다고 말해 주었다. 달걀로 미안하고 고마운 마음을 주고받는다. 냉장 코너에 자리한 달걀을 볼 때마다 두 사람을 잊지 못할 것이다.

만물상의 철학

누군가 인생이 음식과 비슷하다고 했다.

달고, 짜고, 맵고, 쓰고, 신, 여러 가지 맛이 밥상에서 언제나 우리와 함께한다. 우리의 인생도 살아가다 보면 기쁜 일만 있는 것은 아니다. 때로는 고통 속에서 헤매기도 하고 슬픔에 빠져 있지만, 그 고통 뒤엔 다시 위로와 사랑으로 달콤한 행복이 오기도 한다.

딱 하나라고 단정할 수 없는 수만 가지 일들이 동시에 또는 차례로 우리를 찾아오고 홀로 고독한 싸움을 하거나 사람들과 어우러져 이뤄 나가기도 한다. 독불장군처럼 나만이 옳다고 믿으며 일방통행을 하거나 여러 갈래의 길에서 주저할 때 손잡아 주며 서로 독려하며 나아가기도 하는 천태만상이 우리네 모습이다. 어쩜 우린 이 길 위에서 스치며 지나치는 인연으로 서로를 마주했는지도 모른다.

편의점과의 우연한 만남으로 길 위의 인생을 보게 되었다. 입지적 조건으로 정말 다양한 사람들과 만나며 우연을 가장한 필연임을 느끼며 산다. 지금까지는 내 길에만 관심이 집중되어 옆도 뒤도 돌아볼 여유가 없이 살았었다.

내 이웃이 누군지 무엇을 하며 사는지도 모른 채 오로지 내 이익만 중요하다고 생각하며 살았다. 이곳에서 수많은 사람을 만나며 내가 참 작은 인간임을 알게 되었고 많은 걸 깨달으며 살게 되었다.

그래서 편의점 인생이 참 좋다. 내 인생의 오류를 바로잡아주는 이곳이 더없이 값지다.

현대 사회의 일부분으로 자리 잡은 편의점에는 수도 없는 상품이 진열돼 있다. 없는 게 없는 만물상이다. 물품을 발주하고 도착하면 진열하고 정리하고 판매하고 날짜별로 확인하고 반품하고 청소하고 이 모든 일을 매일 반복하는 강행군이지만 이

만큼 일하는 것쯤은 더 고생하는 사람들에 비하면 아무것도 아니다.

내 환경을 탓하지 않고 성실하게 사는 법도 배우며 산다.

이곳에서 다름을 인정하는 여유도 가질 수 있게 됐다. 지금까지 내 입장의 선택이 바르다고 믿고 살아왔다면 요즘의 내 신념은 그저 바탕이 되는 것이지 절대적 가치로 삼아서는 안 된다는 것을 배운다.

세상 어디에도 꼭 그거야만 이라는 건 없다. 보편적 가치가 하나의 새로운 사고를 받아들일 수 있는 삶의 풍성함도 이곳에는 있다.

실수투성이인 허점 많은 나 자신을 인정하는 시간도 편의점 안에서 이루어진다. 모름이 비굴하진 않지만, 자랑도 될 수 없음을 자각하게 된 것도 편의점에서 얻은 수확이다. 나 자신을 발전시킬 수 있는 순간들이 늘 반짝이며 날 독려해 주고 있다.

좋은 사람들을 많이 만나는 기쁨으로 내 인생은 파란 하늘로 영근다.

나도 그들에게 편안한 웃음을 주는 사람이기를 소망하며 사람들과 나누는 시간이 거듭될수록 진정한 행복을 공유하고 싶다. 작은 공간에서 잠깐 만나는 사람들이지만, 가장 귀한 고객으로 섬기는 아름다운 점주가 되고 싶다.

편의점을 찾는 많은 사람과 함께 진심으로 사랑하는 방법을 알아가기 기원한다.